钱梦龙　书法作品

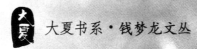

大夏书系·钱梦龙文丛

教师的价值

钱梦龙 著

华东师范大学出版社

上海

全国百佳图书出版单位

小 引

姓名：钱梦龙

姓别：男

出生年月：1931年2月

籍贯：上海市

职业：教师

文化程度：初中

职称：中学高级教师

荣誉称号：特级教师、全国教育系统劳动模范

社会兼职：教育部第二、三届全国中小学教材审定委员会委员、全国语文报刊协会课堂教学分会会长……

主要论著：《导读的艺术》《我和语文导读法》等

以上材料摘自我的个人"档案"。

从这份档案中的"文化程度"看，我绝对是一名学历远远不达标的不合格教师，与我的职业、职称、荣誉称号以及社会兼职等等存在着严重的不相称。

但是我的仅仅初中毕业的"文化程度"并没有成为我任职、升职、兼职、获得荣誉称号的任何障碍，居然一路无阻地走了过来，一直走到了今天。

正如我过山车似的忽起忽落的传奇人生一样，我的教学也是一个传奇。

且听我慢慢道来。

目　录

辑四　　语文教学对话录

辑一　我的教学传奇

我怎样"混"入教师队伍

我于 1948 年初中毕业，仅仅读了三个月高中便失学了，一时又找不到事干，便赋闲在家。1949 年 5 月 27 日上海解放，一股从未有过的新鲜感吸引着我，让我觉得应该为这个充满朝气和活力的新时代做些什么。

可是我——一个 18 岁的初中毕业生，能做些什么呢？

我虽然学历不高，但在小学毕业前就爱读各种课外书，进入中学后更是手不离书，所以尽管学历不高，却一直以"读书人"自许。在比较了各种职业以后，我认为最好的选择是去当一名小学教师，教孩子们读书。正好有一所私立初级小学的校长曾是我中学时代的老师，于是我便去请求到他的学校做教师。他表示为难，说，私立学校招聘新教师须经校董会讨论决定，再说学校现在也不缺教师，没有编制。我当即表示，只要让我教书就行，我不要工资，也不要编制，完全是尽义务的。校长一听，居然有此等好事，于是既不问我的学历，也不管我是不是会教书，就让我走上了讲台。正如人们免费得到了一件"处理商品"，也便不问其质量如何了。

就这样，我轻易"混"进了教师队伍。

一个学期后，教育局的一位督学看到我这名小青年"革命热情"很高，便介绍我加入了"新民主主义青年团"，并把我收编为正式教师，派我去上海郊区的南翔镇（当时属江苏省）和几位年轻教师一起创办文化馆。我从小爱画画，在文化馆主要负责美术宣传。当时正值宣传"抗美援朝"，我便到处画"打倒美帝"的墙头漫画，一时镇上所有平整的墙壁上都涂满了我的"杰作"，因此被镇上一所中学的校长看中，他邀请我去他的学校每周义务上几节美术课，就这样，我走上了中学讲台。一年后，我准备辞掉文化馆的职务去报考杭州美专，校长知道后便再三挽留，动员我正式到该校任教美术。盛情难却，我便答应留下来，于是又转身成了一名正式的中学美术教师。一年以后，学校发展，班级增加，缺少语文教师，校长看我平时爱读点文学书籍，也喜欢写写东西，便问我能不能除教美术课外再兼教一个班级的语文课。我当然乐意为学校分担困难，再说文学也确实是我的所爱。于是我又成了一名兼职语文教师。出乎意料的是，我上的语文课居然大受学生欢迎，我也教得兴致很浓，于是向校长推荐了一位毕业于上海美专的女教师（当时她在乡下的一所小学教美术）来校任教，我便卸掉美术课，专教语文，从此正式成了一名专职的中学语文教师。

就这样曲曲折折地一路走过来，我居然"混"进了中学语文教师队伍。

我之所以用这个"混"字，是因为从我踏上讲台开始，从小学教到中学，从美术教到语文，直至后来评上高级教师、特级教师，竟从来没有人"关心"过我的"文化程度"，就这样让我一直"混"到了退休。倒不是因为我"混技"过人，归根结底，是这样一个特殊的年代"造就"了一个特殊的我，使我演绎了一段特殊的人生传奇和教学传奇。这样的传奇故事在教师聘用制和考评标准日益正规化的今天，大概很难发生。

不过，我之所以能够一路无阻地"混"，看似偶然，其实蕴含着必然性，而这种必然性对一个教师的成长，不仅至关重要，而且是决定性的。也就是说，我的"成功"虽然起步于一个特殊的年代，有一些特殊的外部条件，但它并非不可复制。

这就是我觉得有必要把自己的传奇故事公之于世的理由。

心中的标尺

我在择业之初为什么会选择教师的工作？除了我自以为是个"读书人"以外，其实还有一个更重的原因：我心中耸立着一位老师的完美形象，使我对教师的工作满怀着崇高的神圣感。

这要从我的少年时代说起。

我在小学五年级之前，是个名副其实的"差生"，顽皮贪玩，不爱学习，旷课、逃学是家常便饭，以致小学五年中共计"创造"了留级三次的"辉煌纪录"。老师和同学都说我是"聪明面孔笨肚肠"，我也自认是个笨孩子，完全失去了上进的信心。那时，父亲忙于经商，没时间管我；母亲不识字，没能力管我；老师对我失去了耐心，懒得再管我。于是，我就像一匹没有缰绳的小马驹，整天在野地里无拘无束地狂奔乱跳，结果是：在"差生"的轨道上愈滑愈远，使自己成了个"人见人厌"的家伙。幸运的是，我在五年级留级以后，正好被分到了这位老师的班上。他是一位大约三十多岁的男教师，姓武，名钟英，那一年正好教五年级国语（语文），兼级任老师（班主任）。也许因为我当时在学校里有点"知名度"吧，开学第一天他便把我叫到办公室，对我说："钱梦龙，老师和同学都说你笨，你是不是想知道自己到底笨不笨？"我当即表示很想知道，因为自己到底是不是"聪明面孔笨肚肠"，一直是沉重地压在我心上的一个大问号。于是武老师从抽屉里拿出一本四角号码的《王云五小字典》，对我说："这种四角号码查字法是比较难学的，现在我教你，如果你能学会，就可以证明你不笨。要不要试一试？"武老师的话一下子引起了我对这种查字法的好奇心，表示愿意一试。

于是，武老师先要求我当场背出四角号码查字法的四句口诀，然后教我怎样看一个字的四个角和附角，并在纸上写了几个字让我试查。我居然很快就把这几个字从字典里准确无误地一一查了出来。从武老师当时兴奋、赞赏的表情，从他按在我肩上的温暖的大手传递给我的"信号"中，我"读"出了一个令我自己都不敢相信的结论："钱梦龙不笨！"

接着，武老师给我布置了一项"光荣任务"：自备一本《王云五小字典》，以后他每教一篇新课文，都由我把课文里的生字新词的读音和释义从字典里查出来，抄在黑板上供同学们学习。这一项本来十分平常的工作，但对一名素来被同学看不起的"留级生"来说，是一件多么"光彩"的事啊！

我开始有了上进的信心，旷课、逃学的老毛病也"不药而愈"了，尤其爱上武老师的国语课，其他各科的学习也渐渐有了起色，并且在武老师的引导下开始爱看课外书，记得他介绍我看的第一本书是《爱的教育》。我的作文更是常常受到武老师的表扬，只要作文里有几句写得比较好的句子，武老师总要在作文评讲时读出来，有时候也让我站到讲台前自己读。我升入小学六年级的时候，武老师把我的一篇作文推荐给嘉定县（今已撤县建区）的一份地方小报，居然被登了出来。看到"钱梦龙"三个字第一次变成铅字明明白白地印在报纸上时，我感觉真比登台领奖还要风光百倍！

不过这件本可自我夸耀一番的事，却使我抱憾至今，因为这篇作文中至少一半的句子都是我从一本课外书里抄来的！武老师如果在向报纸推荐之前先征求一下我的意见，我肯定会坦白交代。但如今生米煮成了熟饭，我怎么也鼓不起勇气去向武老师说明抄袭的真相。

不过这次不光彩的抄袭却进一步引起了我对课外阅读的兴趣，我开始买书。进入中学后，我成了当时我就读的学校里唯一有较多个人藏书的初中生。我的这种买书、读书、藏书的兴趣和习惯，一直保持到了现在。

在武老师教我的两年里，还有一件必须一提的事：在我小学毕业的那一天，武老师在发给我毕业证书和小学最后一学期的成绩报告单的时候，按着我的肩膀俯下身轻声地对我说："钱梦龙，成绩不错呀！不过不要只看成绩，好好看一下我给你写的评语。"我急忙打开报告单，先看评语一栏。

评语写得很长，清秀工整的小楷把整个评语栏填得满满的，评语的全部内容现在已经记不得了，但评语的劈头第一句话给予我的震撼却至今记得清清楚楚，这句话是："该生天资聪颖"！

多年来"聪明面孔笨肚肠"的恶评投在我心灵上的阴影，终于被这句评语一扫而光了。

但在当时，我除了对武老师怀着深深的敬爱、眷恋之情外，没有想得更多，只是到了自己需要选择职业的时候，武老师的亲切的形象忽然在我眼前鲜明起来。回想他从教我查字典开始，两年中对我一步步的唤醒、鼓励、诱导，直至在成绩报告单上针对我的自卑感有意写下的那句评语，我才真正感受到武老师对一名"差生"的爱像母爱一样伟大、无私。这种不同于"常人之爱"的"教师之爱"，可以彻底改变一个人的人生轨迹！因此，当我要跨出择业第一步的时候，自然把目光投向了"教师"——当时这个在我心目中无比神圣的职业，以致完全忽略了自己初中毕业的学历是否适合当一名教师。在我成了一名教师以后，武老师又是一杆高高耸立在我心中的标尺，让我随时测量出自己的差距和不足。

"打破常规"的语文教学

不过，真要当好一名语文教师，缺乏师范专业的学历，教学上难免会遇到许多实际的困难。我的语文知识多半来自杂学旁搜式的读书，似乎读了不少书，但既无系统，又比较偏重于诗词一路，当真要教语文，真正管用的知识似乎并不多；对教学法更是一窍不通。当我第一天拿着语文教科书走上讲台的时候，面对几十双渴求知识的眼睛，真感到为难了：怎样教，才不致误人子弟呢？

很想从自己的中学国文老师的教学中找到教好语文的门径，但是考虑再三，觉得此路不通。我有幸遇到的几位中学国文老师都是一些饱学之士，教的是文言文，因此教学中可以充分发挥"讲书"的优势，旁征博引，谈古论今，一篇短短的文章能讲上好几节课，以他们的博学使学生受益。相比之下，自己肚子里一点点七零八碎的知识"库存"，显得多么寒碜！再说，教的又大多是语体文，毕竟可讲的东西不多——我教语文，一开始就不走"讲书"的老路，其实倒不一定是意识到"注入式"教学有什么不好，只是自感"腹笥"太俭，聊以"藏拙"而已。

在惶惑中，自然想到了自己在中学读书时学习国文的经历。

我从小学六年级起就爱读课外书，最初爱看小说，中国的"四大名著"和"聊斋"、"儒林"等，我都读得爱不释手，尤其是《红楼梦》，在初一、初二两年间至少看了三遍。大观园里那些才女们吟诗作赋的才华，更让我心驰神往不已，很希望自己有一天也能像她们一样锦心绣口，吟风咏月。于是就开始读诗，到初二时我已把《唐诗三百首》差不多全背了出来，连《长恨歌》《琵琶行》这样的长诗，我都能一背到底，不打一个"格楞"。诗读得多了，居然依靠一本《诗韵合璧》无师自通地弄懂了平仄和诗韵，并学会了"吟"，即按照平仄规律拉长了声调唱读，这更增添了我读诗的兴趣。后来我又由读唐诗扩展到读《古文观止》，再由读古代诗文扩展到读当代作品，比如鲁迅的杂文、小说、散文，我都爱读，几乎买齐了鲁迅所有的杂文集、小说集的单行本。后来由"读"迷上了"写"，看到当时高中部都办有壁报，于是自作主张也办了一份壁报，正好从《庄子》里读到"日月出矣，而爝火不息；其於光也，不亦难乎"这个句子，便取名《爝火》（当时很为这个刊名得意）。我自己掏钱买稿笺，自己编辑、自己美化、自己"出版"，以"盲聋诗人"的笔名发表"作品"；每一期都有诗有文，还配上插图，居然编得像模像样。由于爱写，又养成了揣摩文章的习惯，只要读到好文章，总要反复揣摩文章在选材、立意、运思、语言表达等方面的特点。后来又把这个揣摩文章的习惯从课外阅读迁移到课内的国文学习上：每当老师开讲新课之前，我总要先把课文认真揣摩一番，到听课时就把自己的理解和老师的讲解互相比较、印证，重在领悟老师解读文章的思路和方法。一般同学听课，专注于聆听和记录，我则把"听"和"记"的过程变成了一个"思"的过程，这样边听边思，不但知识学得活、印得深、记得牢，而且锻炼了思考力。因此，每次国文考试，我即使考前不复习，也都稳拿第一，至于我的阅读和表达能力，更是高出我的同窗不少，当时我发表在《爝火》上的诗文甚至吸引了不少高中部的学生来看，我写的格律诗还多次得到国文老师的赞扬。这大概就是我仅凭初中毕业的"资历"居然敢于走上中学讲台的一点"底气"吧。

我就想，如果我能够鼓励我的学生也像我当年自学国文那样自学语文，不也就可以让学生像我学好国文那样学好语文了吗？这个办法看起来有点笨，但是，对语文教学法一无所知而又不想误人子弟的我，除了想出这样的"笨办法"，又能有怎样的选择呢？

不过，事后证明，当时的这个无奈选择，其实倒是一次明智的选择。《诗》云："执柯伐柯，其则不远。"一个人拿着斧子到树林里去砍一段树枝做斧柄，如果不知道砍怎样的树枝合适，那么只要看一看自己手里的斧子柄就知道了——就是这样简单却又富于哲理的体悟，竟帮助我顺利跨进了中学语文教学的门槛。

于是，我在备课的时候，首先考虑的不是自己怎样"讲"文章，而是怎样鼓励学生自己"读"文章。为此，每教一篇课文之前，我总要先反反复复地读，一直读到确实"品"出了味儿，才决定怎样去教。所谓"教"，也不是把自己从课文里读出的结论直接告诉学生，而是鼓励学生像我一样"钻"进课文，靠自己的努力找到他们自己的（当然也是我期望的）结论。我发现，只有我自己对文章有了深切的体会，读出了感情，才能通过适当的引导，把学生读文章的热情也"鼓"起来；有的文章自己读不出感觉，教学时肯定也找不着兴奋点。因此，我从一开始当语文教师，就把提高自身的阅读素养放在个人修炼的首位。有时候自己在备课中遇到了难点，估计学生也会在这些地方发生困难，就尽可能设计几个有启发性的问题，务使学生"茅塞顿开"；自己读文章喜欢圈圈点点，在书眉页侧写些只言片语的评点、感悟，于是也要求学生"不动笔墨不看书"，每读一篇课文都要留下阅读的"痕迹"；自己爱朗读，有些文章读起来声情并茂，就指导学生在朗读中体会声情之美；自己平时好"舞文弄墨"，还杂七杂八地看些"闲书"，学生在我的"言传身教"下，也喜欢写写东西，翻翻课外书籍……总之，我从教学实践中越来越体会到，语文教学其实也是语文教师自身读写状态的生动展示。老师自己爱读书、会读书，才有可能教出爱读书、会读书的学生；老师自己爱写作，会写作，才有可能教出爱写作、会写作的学生。有些语文教师平时除了几本"教参"几乎什么书都不读，什么文章也不写，一心想在教学方法上花样翻新，以为这样就能提高教学水平，这种舍本逐末的追求，结果必然是缘木求鱼。

从传统的教学观念看，我上课有些随意，有时候大半节课都是学生在默默读书，有时候学生为了课文中几个词、几句话的理解争论不休，有时候我不讲则已，偶尔讲起来则滔滔不绝；整个教学过程既没有环环相扣的严谨结构，也不刻意追求学生发言此起彼落的热烈气氛。这样的课，用"课型"概念来衡量，非驴非马，实在说不上是什么"型"。但学生学得兴趣很高，教学效果居然出乎意料地好。

1953 年，全国开展关于《红领巾》教学的讨论，正是我从事语文教学的第二年。我不想全面评价这次讨论的得失，就我个人而言，确实从这次讨论中找到了很多引起共鸣的东西。尤其是当时一位叫普希金的苏联专家批评我国的语文教学"教师积极，学生不积极"的意见，可谓深得我心——我教语文重视学生自己阅读，自求理解，不就是为了让学生积极起来吗？《红领巾》教学中"谈话法"的运用，改变了老师"讲书"的传统，也跟我的教学套路比较接近。这就更壮了我的胆：原来我"四不像"式的教学，还真有一点道理呢！于是我主动"请缨"开了一次观摩课，还邀请不少外校语文教师来校听课，教的课文是《雨来没有死》，基本上摹仿《红领巾》的教法，又加上一点指导学生自读文章的"个人风格"，居然教得比较成功，整整两节课学生学得积极，师生之间感情融洽，交流默契，比较轻松地取得了预期的效果。以后我又多次尝试向校内外老师开课，都获得了较好的评价。

1954 年，我开始担任学校语文教研组长；1956 年学校扩大规模，增设高中部，首招两个高一班，要提升一名语文教师担任高中语文课程，学校经过比较、权衡，最后从全校语文教师中选定了学历最低的我。这一年正值汉语、文学分科教学，知识根底不厚的我居然也啃下了这两块硬骨头。文学教材中从《诗经》发轫的中国古典文学，本来就是我的兴趣所在，阅读积累也还有一些，因此高中的《文学》课程教起来自然比较得心应手。《汉语》，当时不少老师都觉得枯燥难教，我则遵循学生的认识规律，先由罗列语言现象入手，然后引导学生从观察、思考语言现象中寻求一般规律，最后又让学生通过自己的语言实践加以验证。这样教，本来枯燥的汉语知识教学，却以其内在的逻辑性激发了学生思考的兴趣。这一年，正遇上评选优秀教师，我有幸被评为嘉定县优秀教师，写出了生平第一篇"教学论文"（其实只是一篇经验介绍）——《语文教学必须打破常规》，并被指定在全县优秀教师大会上宣讲，会后还获得了晋升两级工资的殊荣（这在当时是一件轰动全校的事）。这一年暑假，县教育局举办教师暑期进修班，我受聘为语文学科主讲教师，给许多比我年长的老师讲课。我谈的大多是自己读书、备课、上课的切身体会，因为谈得实在，颇受听课老师的欢迎。

　　总之，仅仅四年时间，我用自己"打破常规"的教学获得了学校、社会的认可，改变了自己作为一名学历不合格的新手教师的弱势地位，顺利完成了从初中毕业生到高中教师的"华丽转身"，这个转身的过程，看似有些戏剧性，其实有其必然性。

　　但是，正当我满怀信心地准备把自己四年来的教学进行一次认真回顾总结的时候，一场席卷中国知识界的"反右"风暴把我"卷"了进去……

破帽多情却恋头

1957年的春天是一个"不平常的春天"。正是在这个春天，嘉定教育界传达了一个重要的内部文件《关于正确处理人民内部矛盾的问题》，大家听了都深受鼓舞，尤其是"正确处理人民内部矛盾"和"百花齐放、百家争鸣"方针的提出，使知识界虔诚地相信一个文化、教育、学术的春天已经近在眼前。

接着，嘉定县教育局召开全县教师大会，由教育局主要领导作了《关于"帮助党整风"的动员报告》，号召全县教师积极行动起来，投入到"大鸣大放"中去，运用大字报和民主讲坛等形式向党、向各级党组织和党员提批评、提意见，以改进党的工作。为了消除大家的顾虑，报告中一再强调"知无不言，言无不尽"、"言者无罪，闻者足戒"的方针政策，鼓励大家尽量放胆说话，"哪怕95%是错误的也不要紧"，"骂人也欢迎"（这都是报告中的原话）。这个报告又一次让全县老师深感党的伟大。

校园里顿时热烈起来，随着"鸣放"的升温，大字报越贴越多，学校还特地腾出好几间教室，拉了一道道铅丝，专供张挂大字报之用，整个校园顿时成了大字报的海洋。教育局领导还多次组织各校教师互相"观摩学习"，统计哪个学校的大字报贴得多。除了鼓励写大字报外，教育局还提供一切机会动员老师上民主讲坛演讲。我是当时学校青年团的干部，又是教研组长、优秀教师，在前几次运动中都是"主要骨干"，这次当然也不甘落后，再说校园里那股热浪，也确实让人"热血沸腾"。于是，我一头扎进了"帮助党整风"的热流，没日没夜地泡在学校里写大字报，上民主讲坛；我的不少大字报有诗有画，形式活泼多样，常常吸引不少老师、学生驻足"欣赏"。我当然也越来越自鸣得意，差不多每天都有"诗画配"的"佳作"推出。妻多次批评我"昏了头"，"弄得把家都忘了"，我对她说："你这个人就是政治觉悟不高！你看全世界有哪个政党能有中国共产党这样伟大的魄力，诚心诚意地发动全国人民帮助她整风！"当时确实觉得妻在政治上已经"落后"，赶不上时代了。

1957年暑期，教育局召集全县教师到嘉定城区。在去县城的路上，我还天真地以为经过将近一个学期的"大鸣大放"，大家提了不少意见，这次集中学习肯定要转入整风阶段了，对群众大字报中揭出的"问题"至少会有个交代。当时学校里有位党员干部（教导主任），由于"生活作风问题"，被铺天盖地的大字报贴得头都抬不起来，整天灰溜溜地缩在办公室里，我想，这次集中很可能对他作出处理……

谁知集中后的第一天宣布"分组"的预备会就让人感觉到了一股异样的气氛："鸣放"时的一些"积极分子"大多灰溜溜的低头不语，而那位被大字报贴得抬不起头的教导主任，正趾高气扬、指手画脚地在大组会会场上指挥大家入座。接着他宣布："为了便于开展斗争，嘉定全县教师划分为'南片'和'北片'两个大组，本人是南片大组的组长。"骤然的"风云突变"，真的把我给弄蒙了！当晚有位老师悄悄告诉我："鸣放"已经结束，接下来要"反右"了，"鸣放"动员时"言者无罪，闻者足戒"的承诺，那是"引蛇出洞"的"阳谋"。而那位教导主任在"鸣放"阶段受到了"右派"最猖狂的进攻，根据"被敌人反对是好事而不是坏事"的"英明"指示，他已被大量攻击他的大字报证明是最坚定的"革命左派"，当然最有资格领导全组开展"反右"斗争，至于他个人的生活作风问题，在政治的大是大非面前，不过是生活小节而已。

原来如此！

接下来就是一个接一个地举行"辩论会"，所谓"辩论会"其实就是"批斗会"，被"辩论"的对象根本没有发言权、申辩权，只能默默恭聆"左派"们和"脑筋急转弯"后的"准左派"们的严厉声讨和训斥（当然比"文革"中对"牛鬼蛇神"拳打脚踢的"武斗会"要文明一些）。点名"辩论"的对象都是前阶段的"鸣放"积极分子。一般的"辩论"程序是：先以群众的名义贴出要求与某某人"辩论"的大字报，被点中者大多灰头土脸、闷声不响地作好"认罪"的心理准备。只有一位教高中历史的先生，古书读多了，平时就有一股"死不认输"的书呆气，那天看到点他名的大字报后，忽然呆气大发，居然在大字报下方大书四字："同意一辩!"后来"同意一辩"就成了这位老兄的"代号"，这个小小插曲在当时沉闷压抑的"反右"氛围中成了唯一可以让人破颜一笑的黑色幽默。我很侥幸，才参加了一个"辩论会"，当天夜间忽然剧烈腹痛，急送医院，被诊断为急性阑尾炎穿孔，必须立即手术。后来医生告诉我，那天从我腹腔抽出的脓血有300cc，再耽误一些时间，便小命难保了。现在回想，那次手术不仅拣回了一条命，而且由于手术住院，使我逃避了多少次声势汹汹的"辩论会"，可谓不幸中之大幸也。

手术后我在医院病房里整整躺了两个星期。卧病期间，妻每隔两三天来探望一次，顺便带来各种"反右"的信息。我渐渐知道，"土地改革"、"镇反肃反"、"三反五反"、"统购统销"、对私改造等等历次重大政治运动，是绝对触碰不得的；对已被确认为革命"左派"的党员，即使有问题，也是说不得的，因为"攻击党员就是攻击党"（当时这种荒谬的逻辑盛行一时）。用这些"标准"衡量，我自感问题严重。记得领导在开展"整风"动员时一再强调对党提意见要谈"大问题"，不要纠缠于鸡毛蒜皮的小事，因此我写大字报就想方设法"从大处着眼"，谈的都是这些触碰不得的"大问题"，想不到恰恰就在这些问题上触犯了"天条"！尤其让我忧心忡忡的是，对那位"革命左派"的教导主任我写过多张大字报，其中最"恶毒"的是一张"画配诗"的大字报，画的是一个色眯眯的猪八戒，还配了一首打油诗："虽已招亲高老庄，家花哪及野花香？只要老猪有意思，仁义道德管他娘！"这张"严重丑化革命左派"的大字报曾吸引不少师生欣赏，我也自以为击中了这位"正人君子"的要害，而现在自己的小命就攥在他的手里，他岂肯轻易放过这个"反击"的机会！总之，这次"反右"，我是死定了，即使不死也脱三层皮。

我出院的第一天，南北两片大组特意为我"补办"了一场扩大的"辩论会"，这当然早在预料之中，我也作好了洗耳恭听的心理准备。果不其然，就在这次"辩论会"上，大组组长宣布我被戴上一顶"极右分子"的高级帽子，暂时回校等候处理。大组长在宣布对我的定性结论后，不无得意地补上了一句："一顶顶'右派'的帽子从我的手里飞出，今天是最后一顶了！"被大字报压抑了将近一个学期的这位坚定的革命"左派"，终于到了扬眉吐气之时，理所当然应该意气风发了。

在这次"反右"斗争中，我任职的嘉定二中不少老师都被"辩论"了，最后总共"揪出"三名"右派"，除了我之外，还有一位"右派"值得一提：他是学校第一校长兼南翔镇教育党总支书记潘世和，他原是位诗人、地下党员，解放前一直在上海市区编辑文艺刊物并从事地下斗争，曾以"史伍"的笔名出版过诗集《蚕茧》，并从德文翻译过海涅的长诗《阿塔·特洛尔》（他毕业于同济大学医学院，通德文）。他个人历史上有两件最值得引以为豪的事：一是他18岁时曾高擎一面写有"民族魂"三字的大旗参加吊唁鲁迅的送殡游行，这面大旗后来就被覆盖在鲁迅先生的灵柩上；另一件是他在上海解放前夕受党组织派遣回到嘉定（他父亲是嘉定有名的民主人士），为即将进攻嘉定的解放军秘密收集有关情报并开展"统战"工作，曾为嘉定的解放作出过重要贡献。他本是一位老党员，又是解放嘉定的功臣，但由于他的"老革命"资格，加上他天生的诗人气质，对上级领导常常说三道四，直言无忌，结果自然犯了忌，尽管在"鸣放"阶段他仅仅写过一张无足轻重的大字报，最后却被作为"不鸣放的右派分子"的典型，居然也戴上了"右派"帽子，成了领导在总结"反右"的辉煌战果时用来证明"右派分子不是'鸣放'出来而是客观存在"的一个"实例"！

连这样的革命功臣都会被打成"右派"，天真幼稚的我生平第一次感受到了政治斗争的无情。那么，已经被定性为"极右分子"的我，将面临怎样的惩罚？我的未来是什么？既已沦为"人民的敌人"，而且又是"右派"中的"极"字号，我还能有未来吗？一个巨大的"？"，像一块无比沉重的铅，压在我的胸口，使我窒息。

好在我们亲爱的党秉承"批判从严，处理从宽"的一贯方针，按"敌我矛盾作人民内部矛盾处理"的政策，对我的处理仅是降了三级工资（上一年刚加过两级工资，3 减 2=1，实降 1 级），发配农村"监督劳动"；并没有出现我想象中戴上手铐、押赴监狱的可怕场面。

我在农村劳动了仅一年，就染上了肺结核和黄胆肝炎，为减轻我的劳动强度，蒙教育局照顾，我被调到嘉定县机关干部试验场去管理一个桃园，于是我从一名比喻意义上的"园丁"（教师）成了一名名副其实的"园丁"。这样直到 1960 年底，在嘉定县的"右派摘帽"大会上，我被宣布摘掉"极右"帽子，"回到人民队伍"。

1961 年暑假以后，我以"摘帽右派"的"政治身份"恢复教职，仍回原校任高中语文教师。那时已换了一位新校长（老校长因被划为"右派"调离学校），这位新校长姓惠，是位"渡江干部"，山东人，细细高高的个子，白白净净的脸，一副斯文的模样，要不是说一口略带"山东腔"的普通话，还真很难把他与"山东汉子"这个带有特殊色彩的称号联系起来。听说他在老解放区就是一位管教育的干部，到嘉定后任县委宣传部长，后因与县委书记意见不合，便自请到我任教的中学担任校长兼书记。据说他是一位原则性很强又很懂教育的"老干部"，全校老师都对他敬畏三分，并且仍然习惯地按他过去的职务叫他"惠部长"。

惠部长办学很有魄力，在他的领导下学校渐渐发展为一所有相当规模的完全中学。由于教学质量好，学校被晋级为嘉定县重点中学。他对我似乎特别宽容，有两件事可以佐证。

一件是当时高中语文课本中选入好几篇有关"反右"的文章，如《为什么资产阶级右派是反动派》等等，碰到这类文章，我一律跳过不教。这事后来被惠部长知道，就把我叫到了校长室。

"听说你不教《为什么资产阶级右派是反动派》。"

"是的。"

"为什么不教？"

"我不会教。"

"你可以现身说法嘛！"

就这样提了个"建议"，从此不再过问了，更没有把它作为一个"政治问题"严加追究。因此，以后凡遇此类"反右"宏文，我仍然坚持我的"不教"主义。

另一件是有好几次（至少三次以上）我上课过半，忽然发现惠部长"隐身"在学生中听课，课前不打招呼，课后也只是笑笑便扬长而去。这件事我也没太在意。但是有一天，有位青年教师来告诉我：刚才惠部长在全校青年教师大会上号召青年教师来听我的课，好好向我学习。当时我真的很感动。不过这件事却让惠部长在"文革"中吃了苦头，他在青年教师大会上的报告成了他"包庇、重用坏人"的"铁证"之一，终于和全校一大批"牛鬼蛇神"一起被关进了"牛棚"（专关"牛鬼蛇神"屋子）。当时他的"头衔"是"死不改悔的走资派"，我是"没有改造好的右派分子"。两个"老牛"（"牛鬼蛇神"的简称），共处一"棚"，朝夕相对，其乐融融。

本来总以为"右派"这顶"帽子"摘了，就不再是"右派"了，想不到只是换了一顶新帽子——"摘帽右派"。语文老师都知道，"摘帽右派"是偏正短语，就是"摘了帽的右派"，中心词仍是"右派"，因此只要一有风浪，我又马上回到了"右派分子"！问题是："右派"有摘帽期，而"摘帽右派"不会有摘帽期，看来这顶"不是帽子的帽子"要在头上戴一辈子了。忽然想起苏东坡一句词："破帽多情却恋头"，不禁哑然失笑。

一堂课改写人生

时间要跨越到 1979 年。

在 1979 年之前的 28 年中，我一直是个名不见经传的普通教师，除了 1957 年因被错定为"极右"而在校园内外"显姓扬名"了一阵子外，长期默默无闻；经历了十年"文革"的炼狱，早已不求闻达，能够平安无事干到退休便已心满意足。事实也只能如此，一个年近半百的乡村教师，又戴着"摘帽右派"的"桂冠"被编入了"另册"，对后半生还能有什么奢望？

但是，那一堂语文课，却使我的人生之路发生了戏剧性的大转折。

1979 年上半年，上海市教育局在我任职的嘉定二中召开上海市郊区重点中学校长现场会，会议的主要课题是探讨"文革"后的课堂教学如何"拨乱反正"、提高质量。嘉定二中作为东道主，自然承担了提供课例供校长们探讨研究的义务。为此，学校规定各科教师都要向校长们开课，我当然也作好了开课的准备。

说是"准备"，其实我并没有专为这次教学而刻意备课。记得开课的日子是星期一，而我当时担负着全校好几块黑板报的编辑、美化、"出版"工作，为了迎接现场会的召开，星期日整整一天我把工夫全扑在了黑板报上，仅在晚上有一点时间考虑第二天上课的思路。按照教学进度，星期一我教的是《愚公移山》。这是一篇老课文，又是文言文，传统的教法是"串讲"，即由教师逐字逐句地讲解，学生只是被动地"听"和"记"。对这种扼杀学生主动性的刻板教法，我素怀"叛逆"之心。根据个人的自学经历，我始终认为"教学"的宗旨在于"教会学生学习"，因此教师必须致力于培养学生的自主意识和自学能力，使学生学到一辈子有用的东西。而文言文的串讲法，把文章一字一句"嚼烂了喂"，与"教学"的宗旨是完全背道而驰的。为此，我的文言文教学早就废止了串讲法，这次教《愚公移山》，当然也没有必要因为有人听课而改变我惯常的教法。要说"准备"，我倒是做好了请校长们吃一顿"家常便饭"的思想准备。

上课这天，校长们好像互相约好了似的，都集中到我的教室里听课，其中还有好几位市区重点中学的校长，上海市和嘉定县教育局的几位领导也都来了，把一个原本很宽敞的教室挤得满满当当。

一上课，我先通过朗读检查了一下学生的自读情况，然后就进入教学过程。整个过程由五大块构成：

1. 学生提出并讨论自读中的疑问；

2. 列出人物表，初步了解本文中的人物；

3. 比较不同的人物对待"移山"的不同态度；

4. 从课文中找出根据说明愚公到底笨不笨；

5. 当堂完成一道文言文断句的练习题。

我教文言文，和教现代文一样，重视对文章的整体理解。我始终认为文言文是"文"，是作者的思想情感、道德评价、文化素养、审美趣味等等的"集成块"，是一个有生命的、活的整体，而不是古汉语材料的"堆积物"。因此，我的文言文教学，一般都是在学生"自读感知"的基础上，通过"教"和"学"的互动，帮助学生在整体上把握文章情意的同时，领会文言字词的含义和用法，而不是离开了具体的语境去孤立地解释字词或讲解古汉语知识。

比如下面这个教学片段：

师：大家说说看，这个老愚公有多大年纪了？

（学生纷纷答，有人说"九十岁"，有人说"九十不到"。）

师：到底是九十，还是九十不到？

生：（齐声）不到。

师：不到？从哪里知道？

生："年且九十"，有个"且"字，将近九十岁。

师：且，对！那么，那个智叟是年轻人吗？

生：（齐声）老头。

师：怎么知道？

生：（齐声）"叟"字呀！

师：啊，很好。愚公和智叟都是老头子。那么，那个遗男有几岁了？

生：七八岁。

师：你又是怎么知道的？

生：从"龀"字知道。

师：噢，这个字很难写，你上黑板写写看。（生板书）写得很好。"龀"是什么意思？

生：换牙。

师：对，换牙。你看这是什么偏旁？（生答：齿旁。）孩子七八岁时开始换牙。同学们不但看得很仔细，而且都记住了。那么，这个年纪小小的孩子跟老愚公一起去移山，他爸爸肯让他去吗？

（生一时不能回答，稍一思索，七嘴八舌地说："他没有爸爸！"）

师：你们怎么知道？

生：他是寡妇的儿子。"孀妻"就是寡妇。

师：对！遗男就是——

生：（齐生）孤儿。

我在教学中喜欢用这种迂回的手法提出问题，学生的思维也要"拐一个弯"才能找到答案，我把这种方法叫做"曲问"。比如，问愚公多大年纪，检测学生对"且"字的理解；问智叟是不是年轻人，落实"叟"字，等等；又如我问："邻人京城氏那个七八岁的孩子也去移山，他爸爸肯让他去吗？"学生一时回答不出，继而一想，恍然大悟地叫起来："那孩子没有爸爸！"这就可以检测学生是否已经理解了"邻人京城氏之孀妻有遗男"一句中的"孀妻"和"遗男"的词义，比直问"孀妻是什么意思"、"遗男是什么意思"，更能激发学生思考的兴趣。

再看下面一段对话：

师：请你们计算一下，参加移山的一共有多少人？

生：五个人。

师：你们怎么知道的？

生：一个愚公，一个遗男，还有他的三个子孙。

师：三个什么样的子孙？

生：三个会挑担的，"荷担者三夫"。

师：你们怎么知道愚公自己也参加了呢？

生："遂率子孙荷担者三夫"，是愚公率领了子孙去的。

师：啊，讲得真好！那请你再说说看，"遂率"前面省略了一个什么句子成分？

生：主语。

师：主语应该是什么？

生：愚公。"愚公遂率子孙荷担者三夫"。

师：好！主语补出来，人数很清楚，一共五个人。

这个教学片段，似乎只是为了计算人数，其实有"一石三鸟"的效果：既能引导学生更好地理解文章的内容——人少而移山，更见任务之艰巨；同时又落实了古汉语"主语省略"的知识；还激发了学生思考的兴趣。

这种"曲问"以及饶有趣味的师生对话，在整个教学过程中随处可见。老师教得轻松，学生学得愉快，又把文章的解读和文言知识的学习灵活地融合在一起，跟一般文言文教学的"串讲法"大异其趣。

最后，布置学生当堂完成一道断句的练习题。这道练习题是我自己设计编写的，设计的意图是：把课文中学到的部分词句连缀成文，使学生在一个新的语言环境中辨认它们，以收知识迁移之效。我始终认为，给文言文断句是检测文言文阅读能力的重要标志，因此，我教文言文经常编写一些文段给学生断句。下面这段文字在发给学生时没有标点，为了增加难度，标点处也不留空白。但学生顺利完成了断句（加标点）的练习。

甲乙二生共读《愚公移山》，生甲掩卷而长息曰："甚矣，愚公之愚！年且九十，而欲移山，山未移而身先死，焉能自享其利乎？"生乙曰："愚公之移山也，盖为子孙造福，非自谋其私也，故以利己之心观之，必谓愚公为不惠，若以利人之心观之，则必谓愚公为大智大勇之人也。"生甲亡以应。生乙复曰："今欲变吾贫穷之中国为富强之中国，其事之难甚于移山，若我十亿中国人人人皆为愚公，则山何苦而不平？国何苦而不富？"生甲动容曰："善哉，君之所言！愚公不愚，我知之矣。"

至此，《愚公移山》的教学画上了句号，整个教学过程中学生思维活跃，发言不时闪出智慧的火花，最后的断句练习也完成得相当出色。不过，就我个人的感觉而言，并没有特别的兴奋，因为这堂课不过保持了我平时上课的常态而已。

但是，校长们对这堂课的评价之高，却完全出乎我的意料，一些市区重点中学的校长认为"这样的优质课即使在市区也听不到"（在一般人心目中市区学校的教学质量总要比郊区高）。确实，文言文教学一贯由老师逐句串讲，我这样教文言文，确实给人耳目一新之感。课后不久，主持此次会议的市教育局普教处孙寿荣处长还特意找我交谈，把校长们的评价反馈给我，并听我畅谈了如何提高课堂教学质量的建议。其后不久，学校又承办了一次上海市郊区重点中学教导主任现场会，又是全校老师开课，我教了文言文《观巴黎油画记》，又像《愚公移山》的教学一样大获好评。本以为这两件事就这样过去了，我也没有放在心上。可是1979年的下半年正好上海市要评选特级教师，向各级学校传达了评选的条件、比例等内容，记得评选比例是三万分之一，即三万名教师中产生一名特级教师，条件十分严苛。虽然校长传达时要求老师自由申报，但实际上谁也不敢去攀这个可望不可即的高峰。我自知"身贱"，当然更是听过就忘，脑子里一点儿痕迹都没有留下。

但大大出乎意料的是，有一天校长把我请到校长室，郑重其事地通知我说："钱老师，县教育局已经替你申报了特级教师，要我通知你一声。"

"校长，你开什么玩笑！"当时真的以为校长在跟我开玩笑，因为无论我的想象力多么丰富，都不可能把"摘帽右派"钱梦龙的名字和"特级教师"这个在当时人们心目中至高无上的荣誉称号连在一起。

然而，又一次出人意料的是，1980年2月，上海《解放日报》《文汇报》都以第一版整版的篇幅隆重刊登全市36位特级教师的简介和照片，我居然跻身其中！

"世事茫茫难自料"，人生的际遇、穷通，实在无法预知，有时候似乎已走到了路的尽头，却很可能就在一夜之间出现令人做梦都想不到的戏剧性变化，眼前展现出一片全新的景象！回顾一生，从"差生"到中学教师，再从"优秀教师"到"极右分子"，又从"摘帽右派"到"牛鬼蛇神"最后到"特级教师"……真有点像过山车似的起起落落，其起落幅度之大，超乎想象，在每一次起落之间，谁能预料到下一次又会怎样？但有一点是可以肯定的：无论我坠落到怎样的谷底，我都没有放弃，即使在处境最艰难的那些日子里，只要容许我走上讲台，我仍然一如既往地践行着我的教学理念。因此，一旦机遇来敲门，我就能紧紧抓住。如果我在屡遭挫折以后，心灰意冷，看破红尘，从此一蹶不振，放弃我所有的教育追求，那么即使给我一百次教《愚公移山》的机会，我也不可能破茧而出。

在申报、评选过程中，有两件小事很有趣，值得回味。

第一件事：在县教育局替我申报以后，局里一位领导找我谈话，他说："你的名字和事迹是报上去了，但你不要抱太大希望，因为这是上海市首次评特级教师，各区县都希望自己的区县多评上几位，大都超额申报，我们嘉定就申报了三位，有的区县申报更多，而整个上海市二十个区县不过评出三十多位，因此要从严筛选，大量淘汰，而你的主观条件实在太差，学历是初中毕业，政治面貌是'摘帽右派'，在上海又没有一点知名度，所以被淘汰的可能性极大，你要作好思想准备。"然而严格筛选的结果却跟这位领导的预测正好相反，我不仅不在淘汰之列，而且通过得相当顺利。有一位评委后来跟我比较熟悉，向我透露了一点评选过程中的"内部消息"：我没有知名度反而成了我的有利条件，不像有些候选人在市里已有相当的知名度，评委比较熟悉他们的情况，评选时就会多些挑剔，有一位知名度很高的老师，评委对她十分熟悉，发现的"问题"就更多，因此讨论到第五轮才获通过。相反，评委们对我却一无所知，评选时只能看县教育局写的申报材料，听市教育局领导介绍在嘉定二中听我教《愚公移山》《观巴黎油画记》的情况，当然都是正面的评价，评委们无从挑剔。更有趣的是，我的初中毕业的学历，评选时成了我"自学成才"的证据，"摘帽右派"的政治身份却得到了"敢讲真话"的评价。总之，越是不利的因素，越成了我的有利条件。因此，讨论到我，第一轮就全票通过了，这种少有的顺利连这位评委都觉得不可思议。

第二件事：评委们为了更多地了解我，曾在评选前向一些老师询问我的情况，正好问到上海语文教育界的老前辈沈蘅仲老师，真是无巧不成书，沈老在1976年曾到我任职的嘉定二中听一位老师的语文课，在学校的"毛泽东思想宣传栏"上读到了我写的悼念毛主席的三首七律，他很欣赏，就把它们全部抄了下来。于是他找出当时的笔记本，果然找到了这几首诗，注明作者是"嘉定二中钱梦龙"。更加巧中又巧的是，沈老的夫人王淑均老师是上海教育学院中文系教授，1960年代曾开过一个"形式逻辑与语文教学"高级研修班，我也参加了这个研修班的学习，因为学习成绩较好，王老师曾指定我在结业典礼上作为学员代表上台发言，因此时间虽已过了十多年，但对我仍有较深的印象。这两位老师的旁证，无疑加重了我评上特级教师的筹码，而这样的巧事更是可遇而不可求的机缘。有位朋友用两句话概括我的一生：恶运来时躲不过，好运要来推不开。不过我倒更乐意引用巴斯德的那句名言：机遇只偏爱有准备的头脑。

遭遇"杂牌军"

1982年，那一次有趣的教学"历险"，至今想起，仍觉回味无穷。

那天正逢周六，江苏南通邀请我去作个报告。我介绍了我的教学理念，老师们听了觉得不过瘾，希望我再借一个班级上课，用具体的教例来验证我的教学观，于是我决定第二天借一个初二的班级上一次展示课。第二天是周日，我担心叫不来学生，当时主持会议的教研室主任莫惠昌老师说："钱老师，你只管上课，学生包在我身上。"

第二天，原定上课时间是上午九点，可是已超过十多分钟了，大教室的四周早已坐满了听课的老师，但是这堂课的"主角"——学生总共才来了4名！原来，昨天承担上课任务的学校只是让几个学生互相转达口头通知，根本没有很好落实。负责召集学生的老师急得团团转，主持人莫老师望着空荡荡的教室，也一筹莫展。这时不知谁出了个"好"主意：请就近几所学校的老师回校"抓"学生，能"抓"多少算多少。不等主持人点头，执教者同意，老师们就立即行动了。

学生果然被一批批地"抓"来了，只见他们个个神情茫然，在老师们众目注视之下拘谨地坐到了位子上。总共"抓"了四十来名，够一个教学班了，可我一看学生的身材，心里不免嘀咕，高的高，矮的矮，大的大，小的小，差别怎么这样大？一问之后，不禁啼笑皆非。原来这四十几名学生，从小学五年级到初中三年级都有，竟是一支横跨了四所学校、五个年级的"杂牌军"！而我要教的《中国石拱桥》是初二的课文，这样上课，岂非乱弹琴！但是，这么多老师大老远特地赶来听我的课，我怎能让他们失望？莫老师也一再宽慰我："请务必不要推辞，课上砸了大家都能谅解。"我身不由己，只能答应试试。

我把学生按年级编为四组：小学组、初一组、初二组、初三组。在分组的过程中，我顺便对四个组的学生作了一番观察，看到学生们除了紧张和惶惑这样共同的神情外，还发现他们之间一些微小的差别：当小学和初一两个组的同学知道这次要学习的是初二的课文时，已不再像原先那么紧张了，我揣摸，他们多半会认为这两堂课教的课文与己无关，自己不过是被硬拉来"凑凑数"的，因此做好了当个"旁听生"的心理准备；初三学生的表情则由惶惑转为无精打采，漠然的神情透露出他们内心的语言：课文早学过了，莫名其妙地被拉来"陪坐"两个小时，因此一个个都无精打采地低头不语。只有初二的学生依然紧绷着脸，没有一丝松弛的迹象。

　　就在一些老师担心我怎样开场的时候，我已经想好了对策——针对不同的学生作一次简短的"心理谈话"。

　　我对小学、初一组说：今天要学习的是初二的课文，你们是超前学习，尤其是小学五年级的同学，超前了好几年，要你们学好恐怕很困难。但是，心理学证明，高智商的孩子一般能超前两三年学习他们今后要学习的知识。你们既然来了，是不是愿意趁学习这篇课文的机会，测试一下自己的智商：是高智商呢，还是低智商？——我发现，这两组学生的眼神开始发生了一些微妙的变化。

　　我又对初三的同学说：我知道你们已经学过这篇课文，相信你们都学得不错，在今天的课堂上，你们是知识最多、能力最强的老大哥老大姐。那你们看看，你们可以做些什么呢？我征求他们的意见，经过简短的讨论，他们确定了自己的任务：如果小弟弟、小妹妹们讲错了，由他们纠正；讲遗漏了，由他们补充；讲对了，由他们表扬。我说："相信你们一定能像个哥哥姐姐的样子当好老师的助手！"他们的表情告诉我，他们对自己即将担任的新角色很满意。

　　最后，我对初二组的同学说："今天要学的这篇课文，就是你们这个年级的，你们应该成为这堂课的主力军，你们可不要被小弟弟小妹妹们抢了风头，也不要老是让初三的老大哥老大姐们帮助你们！"

　　经过这一番心灵沟通，原先各怀不同心态而来的学生，很快带着新的心态进入了角色；我也进入了自己的角色——当上了这支临时匆忙拼凑起来的"杂牌军"的"司令"。

《中国石拱桥》是一篇语言平实的说明文，即使小学五、六年级的学生，要读懂这样的文章其实也不太困难，如果教学中能充分尊重学生的主体地位，加以适当的引导、激励，教好应该是没有问题的。

教学一开始，先要求学生不看课文（课前印发），我在黑板上画出赵州桥的简笔画，然后要求学生用一句话说明赵州桥一个大拱和四个小拱的关系（初三的学生因为已学过课文，因此要求他们暂时不要"泄露秘密"）。下面是教学起始环节的一段实录：

师：现在，请你们不要看书。（手指板画）这上面画的是什么？

生：（齐）石拱桥。

师：（手指桥的大拱）这是一个什么？（生：大拱）这四个是什么？（生：小拱）好，现在就请你们来说明一下这个大拱和四个小拱的位置关系，看你们越说越明白呢，还是越说越糊涂。谁先来说？

生：大拱的两边各有两个小拱

师：我来照你的说明画画看。（板画）

师：你说的桥跟实际的桥不太像吧？小拱的位置不对。

生：大拱两边的顶部有四个小拱。

师：究竟是两边，还是顶部？如果顶部有四个小拱，应该画成这样。（板画）好像也不对吧？

生：桥身的左右两边有两个小拱。

师：那就是这个样子了。（板画）你这样说，一共只有两个小拱了。

生：在大拱的两端各有两个小拱。

师：唔，两端，那得这样画了。（板画）

生：不是这样，我的意思……

师：两端，就是两头。根据你的意思，只能这样画呀！

（生尚欲辩，语塞。多数学生跃跃欲试，气氛越来越活跃。）

生：大拱两端的上方各有两个小拱。

师：那得画成这样。（板画）看来要说明一件东西，实在不容易啊！谁还想试一试？

生：在大拱的上面，桥面的下面，各有……（被学生的笑声打断）

生：在大拱的两端依次向内的桥身上各有两个小拱。（学生议论：这太啰唆）

（又有几个学生自告奋勇地起来说明，但都被大家的笑声否定了。）

师：好了！我们不要再说了。还是让我们看看书上是怎么说的吧！现在，请大家看课文《中国石拱桥》（上课前已发下，此时才允许学生打开），不要全文看，就看关于说明赵州桥的两小段。

（学生默读课文，约两分钟。）

师：好，请仍把课文合拢。刚才大家都说不清大拱和小拱的关系，现在谁来说说看？

生："在大拱的两肩上，各有两个小拱。"

师：你们看，这个"肩"字用得多准！不是顶上，也不是两端，而是"两肩"。还有一个字非常重要，是哪个字啊？

生：（齐）"各"字。

师：为什么这个字重要？

生：因为大拱的每个肩上都有两个小拱。

师：对，"各有"，不是只有一肩有。可见说明事物要说得人家明白，有一点十分重要，你们说是哪一点？

生：用词准确。

一点说明：这堂课当时没有录音，因此以上实录借用我在绍兴执教此文的情况，虽然教学对象不同，但实际效果十分相似。

教学起始环节这个"猜谜"式的切入，既让学生懂得了说明文用词必须准确的道理，又激发学生带着浓厚的兴趣进入文本，最后顺利完成了教学任务。

出乎意料的是，小学组的同学差不多个个表现积极，思想活跃，不时有较高质量的发言，抢去了初中组的不少风头。老师适时的鼓励以及同学间相互竞争所形成的氛围，又进一步激发了孩子们投入的兴趣。当两堂课顺利结束的时候，人们几乎忘记了学生之间的年龄差别。而我，则更多看到了洋溢在小学生们脸上那种"自我感觉良好"的表情——他们有理由对自己的智商很满意。

教学，当然不能违背教学规律，违背了必将导致失败。这是每个教师都熟知的常识。把一群年龄悬殊、程度参差的学生集中到一个教室，以同一个要求学习同一份教材，这绝对是违背教学规律的荒唐事。可耐人寻味的是，为什么一堂显然违背教学规律的课，居然也顺利达到了预期的教学目的？这一有趣的现象是否也证实了另一条重要的教学规律：教学效率与学生主体性的发挥和感情投入的程度成正比，学生一旦真正成了学习的主体，全身心地进入了角色，那么蕴藏在他们身上的学习潜力有可能以出人意料的巨大能量释放出来，使他们能够完成平时看来难以完成的学习任务。

　　这次遭遇"杂牌军"并取得教学的成功，是不是又一次证明了我一贯主张的激发学生学习的兴趣和自信心，与学生的智力发展之间存在"正相关"的因果关系呢？

　　我进入了沉思……

顿　悟

教学的一再成功，鼓励我去进一步寻求语文教学的基本规律。

1981 年，我应邀到浙江金华市讲学，按事先约定，除做报告外，还要借班执教鲁迅的小说《故乡》。到达金华的当天下午，就和学生见面，并指导学生自读。要求是：通读全文，深入思考，提出疑问。学生经过自读，每人都用小纸片书面提出了问题，少则五六题，多则十来题，全班总共提了 600 多个问题。问题大多提得不错，有的挺有趣，透露着孩子的天真。比如："闰土因为多子而受穷，那为什么不实行计划生育少生几个呢？""闰土叫'我''迅哥儿'，'我'叫闰土'闰土哥'，他们两个究竟谁是弟弟？""杨二嫂说'你现在有三房姨太太'，鲁迅先生不是只有一位叫许广平的夫人吗？"……

当晚，我在金华招待所朦胧的灯光下就学生提出的这些问题备课。我翻动着一页页小纸片，越看越喜欢这个班的孩子。最后，我从中筛选出 30 多道题，把它们分为七个大的"话题"，准备第二天教读时发还给提问的同学，请他们当堂提出，全班讨论。我教读的思路是：这 30 多道题涉及课文的各个方面，因此，组织学生讨论问题的过程，也即引导学生全面、深入地解读课文的过程；教师只在讨论"卡壳"或"跑题"的时候，适当地作些点拨，而不是越俎代庖。我虽然没有写教案，但对每个问题在讨论中可能出现的情况都作了估计，对有些难度较大的问题考虑了几种启发的方案。我相信，问题是学生自己提的，他们肯定也会主动地参与讨论，而学生的主动参与，是教读成功的关键。这是被我的经验反复证明过的。

备课既毕，我合拢课本，闭上眼，把第二天要上的两堂课像"过电影"似的在脑海里预映了一遍，同时也想再琢磨一下：我教语文一直鼓励学生自学，理论依据是什么？这样的教学过程会呈现出怎样的特点？……

这时，多少年教学探索中逐渐形成的许多看似各不相关的想法、观念，忽然在脑海中全部活跃起来，互相撞击、组合，终于，三句话一下子"蹦"了出来：

学生为主体

教师为主导

训练为主线

真像电流突然接通，我的教学观竟在一转念的瞬间找到了它的"语言外壳"！

我细细梳理着纷繁的思绪，终于理出了头绪："学生为主体"是我教学的根本出发点和立足点，是"三主"中第一位的概念，因为在我的教学中，首先确认学生是学习、认识的主体，学习是学生的学习，认识是学生的认识，教师是不必代替也不能代替的。"教师为主导"则是学生真正实现其主体地位的必要条件，"导"，就是指导、引导、辅导，教师"导"得恰当，学生才能学得主动积极，成为名副其实的主体，因此在"三主"表述的顺序上，它必然是第二位的。而学生（主体）与教师（主导）在教学过程中的互动，必然呈现"训练"的形态，"训"，就是教师的指导；"练"，就是学生在教师指导下"学"的实践；这种师生互动贯串于教学的全过程，成为"主线"。

"三主"是对我的教学中师生互动过程的准确描述，它像一道阳光，一下子照亮了我的全部教学活动，使我豁然开朗了！

第二天，《故乡》的教学获得了出乎意料的成功，整整两堂课，学生始终处于兴奋状态。问题全是学生提出的，又是学生在讨论中自己解决的，几乎每个学生都真真切切体验了一回做学习"主体"的快乐。请看下面两个教学片段：

【例一】

生：杨二嫂说："你现在有三房姨太太……"鲁迅先生不是只有一位叫许广平的夫人吗？（笑声）

师：谁能回答？

生：迅哥儿是书中的人物，不是鲁迅。

生：迅哥儿是作者所塑造的艺术形象。

师：这话说得多好啊！语言多丰富啊！录音机已经把这句话录进去了。（笑）

生：这是杨二嫂在胡说八道。

师：那么"我"究竟是不是鲁迅呢？

生：《故乡》中的"我"，《社戏》中的"我"，还有一些鲁迅作品中的"我"，是不是就是鲁迅？如果不是，为什么都很相似？

师：这问题提得很好。这位同学把许多课文联系起来了，想得很广。那么你认为怎样？我想先听听你的意见。

生：不是。

师：什么理由？（生一时不能答）

师：你们知道鲁迅写的《孔乙己》吗？

生：（齐）知道！

师：那里面的"我"是个酒店的小伙计。鲁迅卖过酒吗？

生：（齐）没有！

师：所以这个"我"是作者在小说中所塑造的——

生：（接话）艺术形象！

师：小说的情节是可以——

生：（接话）虚构的！

师：你们真聪明！所以我们看作品中的"我"是不是作者自己，只要看看这作品的体裁是不是小说就行了。那么，《故乡》中的"我"是不是鲁迅自己呢？

生：（齐）不是。

师：为什么？

生：（齐）《故乡》是一篇小说。

师：你们怎么知道的？

生：《呐喊》是小说集，《故乡》是从《呐喊》中选出来的一篇，当然是小说。（笑）

师：你们看这位同学推理得多好！那么《从百草园到三味书屋》中的"我"呢？

生：是鲁迅自己。

师：为什么？

生：《从百草园到三味书屋》是鲁迅回忆自己童年生活的散文。

师：对。以后看作品中的"我"会看了吗？

生：（齐）会看了。

【例二】

生：鲁迅在《风筝》《一件小事》中都写过冬天，《故乡》又写到冬天，为什么？

师：……有的同学提出来，冬天象征黑暗，是不是呢？

生：不是。当时正是冬天。

生：我认为是的。寒冬过去，春天就要到来；黑暗过去，光明就会到来。（笑）

师：这个想象很有诗意，很有道理。不过，我认为，作者在这里还要渲染一种气氛：荒凉、萧条、冷落。如果不是这样写，而是写故乡鸟语花香，行吗？

生（齐）：不行。

师：为什么？

生：当时就是旧社会。

师：旧社会就没有花吗？旧社会的花就不香吗？（笑）不能这样说。那怎么说呢？要从写作的道理上看。

生：要衬托文章的主题。

生：写景要与人物心情一致。

师：对，都很对，不能纯粹写景，要为主题服务，所以这里不能写鸟语花香。

生：老师，我认为鸟语花香也可以。只要写出人物心情的不高兴就可以了。而且这样一衬托，作用就会更强烈。

师：对，对！你比老师高明！（大笑）这种手法叫反衬。在写作上是有一种"乐景写哀"（板书）的方法。同学们脑子里有很多老师没有想到的东西。这样讨论讨论，的确能集思广益。

这样的讨论，学生的兴趣特别浓厚，因为问题是他们提出的，他们自然也关心着问题的解答，而解答的成功又进一步激发了他们思考的兴趣。到第二节课结束时还有两个问题没有讨论完，我要下课，但学生一致要求继续讨论（这天正好是周日，下面没有课）。

师：时间过得真快，大家要休息吗？疲劳吗？

生：（齐）不！

师：为什么？

生：学得有趣。

后来班上有位叫李宇红的小朋友写了一封信给我，谈了她在这两堂课里的感受，下面是信中的一段：

……当同学们接二连三地把问题提出来时，您让大家一起讨论，一起解决时，原来死气沉沉的气氛被打破了，课堂变得活跃起来。同学们你一言我一语地争着回答，一个个问题都得到了解决。我真是越上兴趣越浓。我也变得活跃了，常常举手发言，不少于十次，这是从来没有过的。这堂课，我的脑筋好像转得特别快，有的问题回答得您也点头满意了，我的心像灌了蜜一样，甜滋滋的。我以前总以为疑难问题都得靠老师解决，现在不是这样想了，同学们自己都有头脑，都能想，为什么不能自己解决呢？我们的答案不会比老师讲的差，您说，我想得对吗？

为什么李宇红小朋友在这两堂课里会有"脑筋好像转得特别快"的

感觉？因为学生一旦真正成了学习的"主体"，体验到了自主学习的快乐，必能激发思考的兴趣，尤其在群体学习中，同学间思维的互相撞击，更易迸射出智慧的火花。所谓"石本无火，相击而发灵光"，说的正是学生的思维被激活以后产生的"智慧火花迸射"的现象。

《故乡》的教学，同时也验证了教师的主导作用对学生实现其主体地位的重要作用。首先，教师是整个教学过程的设计者、组织者，保证了整个教学活动能够有序有效地展开；其次，教师的主导作用还表现在善于唤醒学生的主体意识，激发学生参与课堂讨论的热情，即使学生跟自己唱了"反调"，也要善于肯定其中合理的成分，使学生真正树立"我们的答案不会比老师讲的差"的信心。总之，从课堂上提出问题，到讨论问题、解决问题，都体现了学生的自主性；而教师的主导作用又保证了学生自主学习的有效性。整整两堂课的教学始终都在师生互动的训练过程中推进，训练成了贯穿于整个教学过程的主线。

于是，我把这种在"三主"思想指导下的语文教学法命名为"语文导读法"。"导读"，就是教师指导下的学生自主阅读。

在从金华回上海的车上，我忽然想起陶渊明的《桃花源记》，觉得自己30年探索所经历的三个境界，很有点像《桃花源记》中那位武陵渔人发现桃花源的经过：1950年代起步之初作出无奈的选择时，只是被两岸的桃林美景所吸引，"缘溪行，忘路之远近"，并无明确的目的；从上世纪70年代后期的理性思考，似乎看到了一些什么，却又不甚分明，不正是"山有小口，仿佛若有光"吗？最后，"复行数十步，豁然开朗"——"三主"教学观的提出、"语文导读法"的形成，使朦胧、纷乱的思绪一下子变得明朗而有序了。半生求索，一朝顿悟，当时真有说不出的兴奋。

第二年，我在上海市曹杨中学再度执教鲁迅的《故乡》，并在《语文学习》杂志发表《故乡》教学实录，同时发表了与钱南山、谭彦廷两位老师探讨《故乡》教学的文章，当时就用了这样一个标题：《学生为主体 教师为主导 训练为主线——〈故乡〉教学三人谈》，这是我的"三主"教学观第一次在报刊上亮相。时间是1982年。

只要向往蓝天，谁都可能比我飞得高

回顾我的一生，从"差生"起步，再从"不合格教师"到优秀教师，又从优秀教师跌到"极右分子"，最后却从"摘帽右派"骤升到特级教师……几十年来大起大落，忽悲忽喜，就这样一路磕磕绊绊、跌跌撞撞走到今天。幸运的是，坎坷曲折的人生历程并没有改变我在语文教学上不断探索的兴趣，尤其在成为"极右"以后，等于政治上被宣判死刑，尽管整整三年半被剥夺了走上讲台的权利，但我并没有从此一蹶不振，只要能再回到学生中去，就像鱼儿回归江河，重又焕发出生命的活力。是什么给了我精神支持？是我为之痴迷的语文教学！在"左"风凛冽的那些日子里，尽管天天过着提心吊胆的生活，但语文教学始终是我的一片小小的"精神自留地"，在这片属于我"管辖"的小小领地上，我可以按照自己的意愿，耕耘、播种、灌溉、施肥，并品尝着收获的快乐，乃至完全忘记了现实生活的严酷。

我在语文教学上的"成功"（如果我取得的一些成绩可以算"成功"的话），确实有些传奇色彩。想当年，我在成为语文教师之后，一直不知"语文教学法"为何物，我只是按照自己成长的经历描绘出一幅语文教学的蓝图。有朋友戏言："钱梦龙完全属于'闭门造车'，可恰恰因为'闭门'，造出来的'车'倒有点与众不同。"我在1980年代初就提出了"学生为主体，教师为主导，训练为主线"的思想，有人说我有"前瞻性"，其实它是我对自身成长经验概括提炼的结果，如果非得说个什么"性"的话，我只能杜撰一个名词：后瞻性。

我，一个仅有初中毕业学历的不合格教师，七混八混，居然混到了今天能在这里谈语论文，因此我确信：如今在职的无论哪一位老师，只要向往蓝天，谁都可能比我飞得高……

辑二　语文导读法的昨天和今天

语文导读法的昨天和今天

　　语文导读法是我在上世纪 80 年代初提出的教学理念，并为它下过一个"幽默式"的定义："语文导读法是一种有预谋地摆脱学生的策略。"所谓"有预谋地摆脱"，不是消极地撒手不管，而是经过积极、有序的引导，培养学生自主阅读的意识、能力和习惯。这一过程，对学生而言，是一个从依赖教师而逐步走向少依赖最终完全不依赖的"自主"的过程；对教师而言，就是一个有计划、有步骤地由扶到放、直至完全"摆脱"学生的过程。

　　"教是为了达到不需要教"是叶圣陶教育思想的精髓，素为语文教师所津津乐道，但究竟怎样的"教"才能达到"不需要教"，很多语文教师在引用叶老这句名言的时候，未必真正想过，当然也就很难找到通向"不需要教"的具体路径。语文导读法"有预谋地摆脱学生"，其最终指向的目标正是"不需要教"。可以这样说：语文导读法是从"教"通向"不需要教"的桥梁。

语文导读法的滥觞期

"语文导读法"的酝酿与成型，与我个人的自学经历有密切关系。

我在初中读书时，国文成绩一直稳居全班第一，我能读会写，而且每次国文考试即使考前不复习，我也稳拿全班第一。1952年，我这个仅有初中毕业学历的小青年，由于一个偶然的机会竟当了一名中学语文教师，任教四年以后即被评为嘉定县优秀教师，并获得了晋升两级工资的殊荣。一个学历严重不合格、从未接触过师范教育、仅有四年教龄的新手教师，竟取得了跟我的"资历"完全不相称的成绩，靠的是什么？

现在回想，无非靠这样两条：第一，我在学生时代经过自学形成的读写能力，使我在语文课上指导学生读写时游刃有余，至少不致手足无措；第二，我从自学经历中悟出的以鼓励学生自学为主的教法，使我的语文教学在当时显得颇具特色。

为了鼓励学生自学，我当时备课首先考虑的不是怎样"讲"文章，而是自己怎样"读"文章。每教一篇课文之前，我总要反反复复地读，或朗读，或默诵，或圈点，或批注，直到真正"品"出了味儿，才决定教什么和怎样教。所谓"教"，也不是把自己已经认识了的东西全盘端给学生，而是着重介绍自己读文章的思路和方法，然后鼓励学生自己到课文中去摸爬滚打，尽可能自求理解，进而领悟读书之法。我发现，任何一篇文章，只要自己读出了味道，就能把学生读文章的热情也"鼓"起来。有时候自己在阅读中遇到了难点，估计学生也会在这些地方遇到困难，就设计几个问题，启发学生思考、讨论；有时候讲一点自己读文章的"诀窍"，比如怎样把握一篇的关键段，一段的关键句，一句的关键词等等；自己爱朗读，有些文章读起来声情并茂，就指导学生在朗读中体会声情之美；自己读文章习惯于圈圈点点，在书页的空白处写些心得体会，就要求学生"不动笔墨不看书"，凡读过的文章也必须留下阅读的痕迹，并且定期抽查学生的语文书，根据"痕迹"的质和量评定等第；自己课外好"舞文弄墨"，还杂七杂八地看些书，学生在我的"言传身教"下，也喜欢写写东西，翻翻课外读物，（我的学生成了当时学校图书馆的"常客"）。总之，用传统的教学观念看，我的教学方法与当时语文课普遍采用的"串讲法"很不一样，有的课甚至大部分时间都留给学生静静地看书、默默地思考，但学生学得兴趣浓厚，教学效果居然出乎意料地好。记得 1956 年我评上优秀教师后被指定在全县教师大会上发言，发言的题目就是：《语文教学必须打破常规》。

记得当时确定这个题目还有一段小小的插曲。那年学校正好调进了一位年轻语文教师，他很好学，来了以后就普遍听我们这些"老教师"（其实我比他年长不了几岁）的课。后来在一次语文教研组开会时大家请他说说听课的体会，想不到他在发言中对我的教学居然大唱赞歌。他的发言立即引起了一位老教师的不快，当场问他："你说钱老师的课与众不同，究竟不同在哪里？如果大部分时间都让学生自己看书，那还用我们这些老师干什么！"我的这篇《语文教学必须打破常规》其实就是为回答这位老教师的质问而写的，文章的具体内容现在已经想不起了，只记得阐述了这样的观点：语文教学是教学生读书的，因此在语文课内必须给学生充分的读书时间，而老师逐字逐句"串讲"这种"教学常规"剥夺了学生自己读课文的时间，恰恰不利于学生学会读书。记得当时在优秀教师大会上发言以后，不少老师都支持我的观点，有一位教育界的老前辈浦泳先生还为此写了四句小诗发表在会场的黑板报上，记得前面两句是："打破常规钱梦龙，读书自学建新功。"

现在回顾，我的"打破常规"的教学，已经包含了语文导读法的基本要素——着眼于鼓励、教会学生自己读书。因此，我把这一时期称作语文导读法的"滥觞期"。

语文导读法的基本理念

语文导读法的基本理念可以概括为三句前后相承（不是三者并列）的话："学生为主体，教师为主导，训练为主线"，简称"三主"。

"学生为主体"就是在教学过程中确认学生是学习的主体、认知的主体、发展的主体。我把"学生为主体"列为"三主"之首，因为它是教师进行教学的根本出发点和立足点，就是说，教师在进入教学过程之前，首先要确认学生的主体地位，确认学生是具有独立人格、主观能动性和自我发展潜能的活生生的人。只有首先确认了这个前提，教师才能在教学中定位自己的角色。

"教师为主导"则是对教师在教学过程中的地位、作用的描述和限制："主导"的着重点在于"导"，"导"者，因势利导也，就是要求教师必须顺着学生个性发展、思维流动之"势"，指导之、引导之、辅助之、启发之，而不是越俎代庖、填鸭牵牛；教师"导"之有方，学生才能学得有章有法，真正成为知识的主人、名副其实的主体。古人说："导而弗牵"。"导"是引导，"牵"是牵就，就是要引导而不是把学生硬"牵"到教师预定的结论上来，剥夺学生认知的自主权。

教师的主导作用主要表现在：

1. 组织——组织教学过程，使学生的认知活动始终围绕主要目标进行并收到最理想的效果；

2. 引导——启发、引导、帮助学生不断向知识的广度和深度进行探索；

3. 激励——随时给学生以鼓励、督促，为学生构筑步步上升的台阶，激发学生的求知欲和自主学习的兴趣；

4. 授业——根据学生认知的需要讲授必须讲授的知识。

是组织，就不能"放羊"；是引导，就不能"填鸭"；是激励，就不能"牵牛"；是授业，就不能当讲不讲。

"训练为主线"则是教学过程中师生互动的基本形态。有人认为"训练"就是习题演练或过去语文教学中常见的那种刻板、烦琐的技术操练，这是对"训练"的极大误解！"训练"，是由"训"和"练"两个语素构成的复合词，"训"指教师的指导、辅导；"练"指学生的实践、操作。比如，学生要学会读书，首先要靠学生自己"读"的实践和操作，但同时也离不开老师必要的指导，师生在阅读教学过程中形成的教师"导"、学生"读"这一互动过程，就是"阅读训练"。叶圣陶先生生前与语文教师谈语文教学，始终强调训练的重要，例如他在1961年给语文老师的一封信中说："学生须能读书，须能作文，故特设语文课以训练之。其最终目的为：自能读书，不待老师讲；自能作文，不待老师改。训练必作到此两点，乃为教育之成功。"①根据叶老的意见，学校之所以设置语文课程，就是为了训练学生使之达到"自能读书"、"自能作文"的最终目的。也就是说，学生要学会阅读，学会写作，就要靠实实在在的阅读训练、实实在在的作文训练，舍此别无他途。训练，是教学过程中师生互动的必然形态。

"学生为主体，教师为主导，训练为主线"，是对教学过程中师生地位、作用和行为的一种概括的描述，是一个动态的"过程"，而不是三个并列概念（或命题）的静态排列。"学生为主体"是教学的根本出发点，着眼于学生的"会学"；"教师为主导"是保证学生真正实现其主体地位的必要条件，着眼于教师的"善导"；而学生的"会学"和教师的"善导"又必然归宿于一个综合的、立体的、生动活泼的训练过程。指出这一点很有必要，因为不少论者对"三主"的批评，其主要论点是："主体"、"主导"、"主线"不是同一范畴的概念，因此三者不能构成并列关系；不少老师在谈到"三主"，尤其是"学生为主体，教师为主导"时，也往往

---

① 《叶圣陶语文教育论集·叶圣陶语文教育书简》，北京：教育科学出版社，1980年。

认为这是三个并列的命题而任意颠倒其次序（例如把"教师为主导"放在第一位），而不知道三个命题必须按"主体—主导—主线"顺序表述的理由，以此误解来批评或谈论"三主"，事实上已不是我所倡导的"三主"了。

"三主"理念在操作层面的体现

"三主"作为导读法的基本理念，其价值的体现，还有赖于在操作层面落实和保证。自读式、教读式、复读式（简称"三式"）就是从操作层面进行的一串基本动作，与"三主"共同构成语文导读法的整体框架。

一、自读式

立足于学生自主阅读的训练模式，就是在语文课上让学生坐下来静心地读文章。自读不是学生随心所欲、信马由缰地"自由阅读"，而是一个在教师指导下以"学会阅读"为目标的阅读训练过程。

学生要"学会阅读"，离不开"严而有格"的训练。一个高效的阅读流程，往往由若干符合认知规律的步骤构成，每一步骤都有一定的操作要求和规格，于是就有了阅读的"格"；"严而有格"的阅读训练，就是使学生一打开文本，就知道应该按照怎样的"规格"去读，比如：阅读从何入手、如何深入文本、如何把握要点、如何质疑问难、如何读出自己的独特体会，等等。总之，做到"思有其序，读有其格"。但"格"又不应成为束缚学生阅读个性的缰绳，它只是在阅读训练起步阶段的一个"抓手"；一旦学生"领悟之源广开，纯熟之功弥深"（叶圣陶先生语），就必须由"入格"而"破格"，即摆脱"格"的束缚而进入阅读的"自由王国"。这有些像教孩子习字时的临帖，先要求"入帖"，一点一画，都要严格按照"法书"的规范，不能马虎；一旦纯熟，又须"出帖"，即摆脱"帖"的束缚，要"胸中有帖而笔下无帖"，这时书法就进入了"化境"。

现在不少老师强调阅读中的"感悟"，强调"个性化阅读"，这是十分必要的；但如果学生读了一篇文章，连作者思路都没有理清，文章主旨都说不明白，或随心所欲曲解文意，"感悟"、"个性化"云云又何从谈起？自读训练从"入格"到"破格"，正是一条从"正确解读"逐步走向"感悟"和"个性化阅读"的必由之路。没有"入格"之"死"，焉有"破格"之"活"？这叫做"置之死地而后生"。

怎样为学生的自读定"格"？我们不妨先反视一下自己读一篇文章的思维流程。通常，一个相对完整的阅读流程（尤其在读一些比较重要的文章时）总要经历一个由表及里，又由里反表、表里多次反复、理解逐渐深化的过程。所谓表里反复，即阅读者先通过对读物的词语、句子、篇章的感知，进而理解读物的内容、主旨；然后，还要在正确理解读物内容、主旨的基础上，回过头来对读物的词语、句子、篇章再下一番回味咀嚼、细心揣摩的功夫，体会作者为什么要这样运思和表达。这也就是人们常说的"在文章里走几个来回"。所谓定"格"，就是把阅读时这一"内隐"的思维流程"外化"为一定的操作规范。在美、英等国曾颇为流行的 SQ3R 阅读法（SQ3R 指阅读过程中纵览〈Survey〉、设问〈Question〉、精读〈Read〉、复述〈Recite〉、复习〈Review〉五个步骤），就是把阅读过程规格化的一种成功的尝试。以下是我根据中学阅读教学的特点，设计的"自读五格"：

1. 认读感知。

这是阅读的起点。学生通过认读（朗读或默读），对课文有一种初步的印象，同时积累生字、新词，并借助词典理解它们在课文语境中的含义。"感知"是阅读者对读物的一种近乎直觉的认知体验，往往经由某种捷径而不是按照惯常的逻辑法则快速地进行。认读感知的能力是在不断的阅读实践中逐步形成的，阅读训练有素的人这种能力就比较强，对语言文字的直觉（语感）也会随着阅读经验的积累而渐趋敏锐。从教学的角度说，期望学生获得对语言文字的这种敏锐感觉，只能依靠学生自己的阅读实践而无法由教师代劳，因此阅读教学从起步开始就必须立足于"学生为主体"。

2. 辨体解题。

辨体，就是对文章从内容到形式特点的正确辨别。不同体裁的文章，必有不同的表达方式和语言风格。例如，同为叙事，记叙文中的叙事和议论文中的叙事在叙事方式和语言风格上有明显的区别。解题，就是解析文章的标题。标题是文章的重要组成部分，有时候是文章内容主旨高度凝炼的概括，解题的过程，实质上就是在认读感知的基础上进一步审视文章内容主旨的过程。例如"变色龙"这个标题，学生解题时若能把爬行动物的变色龙和小说中的警官奥楚蔑洛夫的形象联系起来，找到两者都善于随着周围环境的变化而变化的相似点，那就基本理解了小说的主旨；如能进一步抓住题眼"变"字，既看到奥楚蔑洛夫的善"变"，又能透过"变"的表象进而剖视他始终"不变"的奴才本相，那就对小说有了更深层次的理解。

3. 定向问答。

这是一种思维活动有明确指向的自问自答，要求学生就课文从三个方面依次发问并自答：①文章写了什么？②怎样写的？③为什么这样写？（什么、怎样、为什么）"什么"是对文章内容的审视；"怎样"是对文章表达方式、结构、语言的探究；"为什么"是对作者构思意图和思路的揣摩。三个依次排列的问题，是三级步步上升的台阶，学生"拾阶而上"，对三个问题依次作出圆满的回答，对文章从内容到形式大体上已获得了比较全面的认识。

4. 深思质疑。

学生经过以上几步问答，虽然对文章已经有了比较全面的认识，但仍然只是一般水平上的解读，还不一定能读出自己独特的感受和体会。深思质疑就是把认识引向深层的必要步骤，同时也可以提出与作者不同的意见。

"深思"和"质疑"互为因果关系：唯"深思"才能提出疑问；唯善于"质疑"才能把思维引向深层。朱熹认为"读书无疑者，须教有疑；有疑者，却要无疑，到这里方是长进"。深思质疑就是让学生经历这样一个

"无疑—有疑—无疑"的读书"长进"的过程。

5.复述整理。

复述，就是回忆、概述文章的内容、主旨、形式等等，从已知中筛取最主要的信息。整理，就是把阅读过程中零星的体会再从头梳理一遍，或分类归纳，使之条理化、清晰化。复述整理标志着一个相对完整的阅读过程的结束。

以上五格，"认读感知—辨体解题—定向问答—深思质疑—复述整理"，构成了阅读"由表及里、由里反表，表里反复"的一串基本动作，每个动作都有明确的操作要求，这就保证了阅读教学起步阶段训练的有效性，并为阅读训练后期的"破格"打下坚实的基础。

二、教读式

"教读"，顾名思义，就是"教学生读"。"教读"常与"自读"结合进行。既然学生的自读要经历一个从"入格"到"破格"的过程，那么，与之相应的教师的教读，必然有一个从"扶"到"放"的过程。

1.教读的原则：能级相应与适度超前。

为了准确把握"扶"和"放"的度，我把学生的自主意识和自读能力划分为四个阶段，即四个"能级"：

第1能级（依赖阶段）：学生不具备独立阅读的能力和心理准备。

第2能级（半依赖阶段）：学生开始有摆脱依赖的倾向，并能独立完成一部分比较容易入手的自学课题。

第3能级（准自主阶段）：学生已具有较强的自主意识，基本上能独立阅读，但在遇到阅读难度较大的文本时还离不开教师的帮助。

第4能级（自主阶段）：学生完全摆脱对教师的依赖，进入了"自能读书，不待老师讲"（叶圣陶语）的境界，也就是达到了导读的终极目标：不需要教。

所谓"能级相应"，就是教师的"教"必须与学生"读"的能级相适应，不宜错位。例如，对尚处于依赖阶段的学生，指导要具体，要多示范、多扶翼、多鼓励、多提启发性的问题，帮助他们尽快入门。当学生的发展水平有了提高，教师也要调整教学策略，如增加自读的难度和"放手"的程度。余可类推。能级相应，才能获得预期的效果。

所谓"适度超前"，就是在"能级相应"的前提下，教读的要求可以略高于学生实际所处的能级，即适度超前于学生当前的发展水平。用维果茨基的理论来说，就是既要关注学生独立解决问题时的"实际发展水平"，又要看到学生在教师帮助下解决问题的"潜在发展水平"（最近发展区）。也就是我们常说的鼓励学生"跳一跳，摘果子"。我的经验证明，有适当难度的学习任务更容易激发学生学习的热情和克服困难的意志力，因而更有利于学生的发展。

2. 教读的基本方法：随机指点。

先看叶圣陶先生的一段话："语文老师不是只给学生讲书的。语文老师是引导学生看书读书的。一篇文章，学生也能粗略地看懂，可是深奥些的地方，隐藏在字面背后的意义，他们就未必能够领会。老师必须在这些场合给学生指点一下，只要三言两语，不要噜里噜嗦，能使他们开窍就行。老师经常这样做，学生看书读书的能力自然会提高。（引文中的着重号，为叶老自己所加）"①

这段朴实无华的话，可以作为叶老的名言"教是为了达到不需要教"的注脚。在这段话中，既有对学生主体地位的尊重，又具体指出了教师应该如何发挥主导作用——在"学生自己读懂"的基础上，就文章"深奥些的地方"、"隐藏在文字背后的意义"给学生"指点一下"；这种"指点"，必须要言不烦、富于启发性，目的在于使学生"开窍"——开窍者，学生自悟自得也。可见即使在教师"指点"之时，仍要把"学生为主体"放在心里，而不是以自己的认知代替学生思考。叶老的这段话，道出了教读方法的要领：在学生自读的基础上随机指点。

---

① 转引自《人民教育》1981年第一期：《谈教学的着重点》。

3. 教读的策略：为学生铺设上升的台阶。

失败引发的焦虑和成功引发的成就感，都有驱动学生学习的作用，不少老师喜欢利用学生的焦虑（如分数排队、打不及格分数、严厉批评、惩罚等）来迫使学生努力学习，的确也能收一时之效。但这种驱动带有明显的强迫倾向，用得多了，必然导致学习热情的衰退。成就感则不同，它给予学生的学习动力是一种具有自觉倾向的认知内驱力，而且始终伴随着高涨的学习热情。焦虑和成就感的优劣显而易见，但不少老师宁可利用焦虑，因为造成学生的焦虑心理比较容易，而要使学生获得成就感，则要靠教师高度的责任感和细致的引导。

既然教读是为了帮助学生学会阅读，那么，根据学生不同阶段的能级水平，为学生设置具体而又容易检测的阶段目标，对引发学生的成就感，其作用是不言而喻的。比如，对朗读能力较差的学生，在一个阶段内可以把"学会朗读"作为他的重点目标，同时适当降低其他方面的阅读要求，当这位同学被教师确认已经学会了朗读，并受到了奖励，其成就感必定油然而生，从而在达成下一个目标时充满信心。当前后连续的阶段目标成为逐步上升的一级级台阶的时候，自然会形成"设标—达成—引发成就感—再设标—再达成—再引发成就感……"这样一条螺旋上升的"进步链"，学生就会有永不衰竭的学习动力了。

三、复读式

把若干篇已经读过的文章，按某种联系组成一个"复读单元"，指导学生通过复习、比较、思考，既"温故"（温习旧课）又"知新"（获得单篇阅读时不可能获得的新认识）。"复读单元"通常与"教学单元"重合，也可以根据训练的需要另组单元。简言之，复读就是单元的复习性阅读。复读的要求，大体可以归结为三个方面：

1. 知识归类。

这类复读在于帮助学生形成一定的知识结构，重点在"温故"。方法是把各篇课文中的主要知识点按若干类别加以归纳、整理、系统化；归类的结果，通常以纲要、图表的形式来概括，提纲挈领，便于记忆。

2. 比较异同。

比较，是认识事物特点的重要思维方法。一个复读单元，由数篇课文组成，可以进行比较的训练，也可以从课外读物中寻找可与课文进行比较阅读的文章。学生在比较中不仅"温故"，而且"知新"，往往能发现单篇阅读时不能发现的东西。

3. 发现规律。

学生以一组文章所提供的事实或材料，经过推演、思考，进而寻求支配这些事实的规律，这是在归纳、比较的基础上又进了一步的抽象思维训练。例如给学生一组文体相同的文章，要求学生从中提炼出有关这一文体的某些规律性知识；有时就一组课文所提供的事实，从中提炼出统率这些事实的观点。(参见附录)

附：复读作业示例

单元复读作业

从三篇游记谈游记的写作

人们游览了一个好地方，把所见所闻写下来，以便让别人分享大自然的美，也为自己的游踪留下一点痕迹。这样写下来的文字叫"游记"。

最近，我们读了三篇游记：叶圣陶的《记金华的两个岩洞》、郑振铎的《石湖》和刘鹗的《老残游大明湖》(片段)。从这三篇游记中，我初步学到了写游记的方法。

游记是散文的一种，它记叙的范围是很广的，无论自然风光、社会风貌、人情风俗和地方特产等等，都可以写入游记；其中还可以穿插历史考证、科学说明。写游记的手法也多种多样：记叙、描写、抒情、议论都可运用，而以记叙为主。

要写好游记，首先要抓住景物的特点，有重点地描写，不能像记流水账一样，平铺直叙。例如：《记金华的两个岩洞》中，作者写双龙洞，抓住了内洞洞口扁窄的特色来写，重点写了进洞的趣事，引人入胜；写冰壶洞，则重点写了瀑布，因为瀑布是冰壶洞的一大特色，那"飞珠溅玉"、"残星"、"银箭"的形象，确是冰壶洞瀑布所独有的意境。这样，就把双龙洞和冰壶洞的胜处很巧妙地写了出来，使读者有身临其境之感。

写游记要抓住景物特点，突出重点，就要细致地观察，要善于发现景物的美。请看《老残游大明湖》（片段）中的一段自然美的描写：

……红的火红，白的雪白，青的靛青，绿的碧绿，更有那一株半株的丹枫夹在里面，仿佛宋人赵千里的一幅大画，做了一架数十里长的屏风。

这些文字本身就像一幅彩笔描绘的图画，给人以美的享受。要不是作者观察得细致，能写得这样富于诗情画意吗？

美，除了自然美以外，还有人类的劳动创造的美。比如郑振铎的《石湖》，那就是一种劳动美的描写。作者通过细致的观察，给我们画出了一幅劳动人民改造河山的蓝图，同样给人以美感。

此外，写游记还要注意记叙顺序的合理安排，要把观察点的转移交代清楚，使读的人大致了解你的游览路线。还有，无论记叙、抒情、议论，都要写出自己的独特感受，即使是单纯的写景，也要景中有情，才能打动读者。"粉红色的山，各色的映山红，再加上或浓或淡的新绿，眼前一片明艳。"（《记金华的双龙洞》）你看，景物描写中洋溢着喜悦之情，这才是写景的佳句。

（嘉定二中初二　支蓓蓓）

科学必然战胜迷信
——读《哥白尼》《祖冲之》

科学，是客观事物及其规律在人们思想中正确反映的产物；迷信，却是盲目的信仰和崇拜。科学和迷信如同水火冰炭，是根本不相容的。当历史上任何一种新的科学思想冲破重重迷雾向前发展时，迷信也就迎面扑来，竭力阻止科学的传播。然而，科学发展史上无数事实有力地证明：科学必然战胜迷信。

太阳系学说的创立者，伟大的波兰天文学家哥白尼的《天体运行论》发表以后，即使是宗教的革新者马丁·路德也骂哥白尼是疯子，并且征引《圣经》攻击"地动学说"。一六一六年，罗马教皇利用手中所掌握的神权，把哥白尼的学说诬为"邪说"，把《天体运行论》列为禁书，并对"日心说"的宣传者进行残酷的迫害。意大利哲学家布鲁诺正是由于信仰和传播"日心说"，而被"异端裁判所"钉在十字架上，活活烧死在罗马广场！然而，科学却仍然以它不可压抑的力量向前发展着，因为"一时强弱在于力，千秋胜负在于理"。"日心说"的另一位宣传者伽利略被教会判罪，不得已在"认罪书"上签字的时候，嘴里还在喃喃地说着"不管怎么样，地球仍然在转动！"是的，至高无上的神权可以惩罚和处死科学家，但永远无法改变地球围绕太阳转动的客观规律。随着时间的推移，三百多年后的今天，历史作了公正的判决：伽利略是无罪的，真理是不可战胜的。

这样的事例充满了一部科学发展史。电学研究的先驱者富兰克林的《论闪电与电气之相同》在巴黎出版时，引起皇家自然哲学教师诺勒院长的极大不快，他不断写文章攻击富兰克林。然而谬误岂能战胜科学？现在连罗马大教堂不也装上了富兰克林发明的避雷针吗？达尔文的科学巨著《物种起源》公开于世时，这位生物进化论的开拓者也遭到了统治者的疯狂攻击，因为《物种起源》的出版像一颗炸弹投到"神学阵地的心脏上"，引起了教会的极大惊慌。那些神权的卫道士们认为进化论是对上帝的叛逆，有失人类的尊严，触犯了"君权神授"的"天理"。一八六零年六月二十日，在牛津大学主教威柏斯事先策划好的一次辩论会上，一批教士和善男信女大叫："打倒达尔文！"牛津主教对生物进化论进行了大肆的歪曲和污蔑，但他声嘶力竭的说教却是空空洞洞的。对于这些，达尔文毫不畏惧，他用他几十年考察的结果，列举了大量的事实，驳得主教理屈词穷。科学以它的巨大力量又一次地战胜了迷信。

科学和迷信，真理和谬误之间的殊死斗争，不仅在外国有，在我国历史上也屡见不鲜。科学可能会被暂时压抑，但不可能被扼杀。我国古代杰出的科学家祖冲之和皇帝的宠臣戴法兴之间的斗争就是一个典型的例子。公元四六二年，祖冲之上书宋孝武帝，要求修改不科学的旧历法，但遭到了见解保守的戴法兴的极力反对。戴法兴鼓吹什么"疏密之数，莫究其极"，什么天文历法"非凡夫所测"，如果改动了就是"亵渎上天"，为了威胁祖冲之，他还给祖冲之扣上了一顶"诬天背经"的大帽子。但是历史在前进，认识在发展，科学在进步，任何愚弄人民的骗术都无法阻挡历史前进的步伐。公元五零一年，祖冲之的新历法终于在他死后十年颁布了。科学在我国的历史上同样显示了不可战胜的力量。

回顾历史，可以增强我们为科学、为真理而斗争的信心，不是吗？在中外古今无数次科学与迷信、真理与谬误的殊死较量中，哪一次不是以科学和真理的胜利而告终？我想，那些曾经受到过"现代迷信"的毒害，至今还有点"僵化"的人们是不是也看一看历史呢？要知道，在社会科学的领域里，科学必然战胜迷信，同样是一条不可改变的客观规律。

《祖冲之》《哥白尼》对照阅读表

	祖冲之	哥白尼
严谨治学	"专攻数术，搜炼古今"，但决不"虚推古人"。 为了研究天象，每每"亲量圭尺，躬察仪漏，目尽毫厘，心穷筹策"。	用了30多年时间，留意观测日、月以及各行星的运动……谨慎而小心地进行观测工作，务使他的理论和实际观测相符合。
疑旧创新	校正了刘欲、张衡等人学术成果中的某些错误。经过大量实际观测，发现何承天所作为当时刘宋王朝所采用的历法有许多错误。 编制《大明历》，这是那个时代最好的历法。	发现亚里斯多德、托勒密的天动学说有不可克服的困难。十六世纪初，就认为天动学说不能成立。 1543年出版《天体运行》，发表地动说，证明地球和其它行星一样都按照同一规律运行。
横遭攻击	遭到宠臣戴法兴的反对。戴认为传统历法是"古人制度"，"万世不易"的，"非冲之浅虑，妄可穿凿"，责骂祖冲之"诬天背经"。	即使是宗教革新者马丁·路德也骂哥白尼是"疯子"，并引证《圣经》批评地动学说。 教皇宣布把《天体运行》列为禁书。
坚持真理	写了一篇理直气壮、词句铿锵的驳议，文中说："愿闻显据，以核理实"，"浮词虚贬，窃非所惧"；不应该"信古而疑今"，日月星辰的运行"非出神怪，有形可检，有数可推"。	写了一封给教皇的信，信末说："假使有一知半解的人……根据《圣经》这一段或那一段妄肆批评或者驳斥我的著作，我不但不预备答复他们，而且还要轻视这样的无知的见解。"
最后胜利	经过了宋、齐两朝，到梁天监九年《大明历》正式颁行。	1757年，地动学说成为天经地义，禁令解除。1822年，教皇被迫承认地动学说。

（嘉定二中初三 闵峰）

摆脱学生：一个并不遥远的目标

　　事实证明，我的学生从初中一年级开始接受"严而有格"的阅读训练（我教高中时就从高中一年级开始），经过从"入格"到"破格"的三年训练历程，到他们初（高）中毕业时，基本上已具备了"不待老师讲"而"自能读书"的能力，这时让他们打开任何一篇适合他们认知水平的陌生文章，无论是课文还是课外读物，他们都能按照顺序，在文章里"走几个来回"，读出个人的独特体会。

　　下面是我在 1980 年代前期执教的班级中两位学生的"自读笔记"，从中可以看出学生的阅读从"入格"到"破格"的大致过程。

一、《一件小事》自读笔记

　　作者是初二年级的学生，她经过了一年多的自读训练，已进入从"入格"到"破格"的过渡阶段（可归于"准自主能级"），因此笔记中虽然仍保留着明显的"自读规格"的痕迹，但"定向问答"、"深思质疑"已变成了"自问自答"——完全由她自己设计问题，自求解答，这就有了较大的思维空间和阅读自由度。从她设计的四个问题看，很能抓住文本的关键，解答也能紧扣文本词句作出合理的推断。由于每个学生设计的问题各不相同，"认读"部分的字、词也是学生自己从课文中找的，因此全班学生的自读笔记虽然形式差不多，却都有着不同的内容。

《一件小事》自读笔记

一、认读

　　1. 注音、辨形：

睹（dǔ）　　　　伊（yī）　　　　踌躇（chú）

诧（chà）　　　　刹（chà）　　　　兜（dōu）

雇（gù）　　　　凝滞（níng zhì）　　　憎恶（zēng wù）

2. 词语：

耳闻目睹：亲耳听到，亲眼看到。

生计：生活，这里是谋生的意思。

凝滞：原指液体凝结不流，这里是停滞、不动的意思。

自新：自求上进的意思。

装腔作势：故意做作。

姑且：暂时，不妨。

二、辨体

小说。

三、解题

"一件小事"，这是一个偏正词组，"小"是题眼，与文章中"国家大事"的"大"形成鲜明对比，更突出这件"小"事意义之"大"，使"我"至今难忘，它是"我"对人生、对世界看法的一个转折点。以"一件小事"为题，发人深思。

四、自问自答

1. 本文的社会背景如何？它对我们理解文章的中心有什么作用？

答：辛亥革命以后，社会上出现了一些"所谓"国家大事，如袁世凯称帝、张勋复辟等政治事件。一九一六年、一九一七年发生的这两件大事，对于"我"，一个六年前"从乡下跑到京城里"的人来说，便只是"增长了我的坏脾气"，教我"一天比一天看不起人"。这里强调了这些"国家大事"在"我"心里"都不留什么痕迹"；而这件小事却"把我从坏脾气里拖开"，"增长我的勇气和希望"。这样，用大事与小事对比，充分说明了这件"小"事，深深触动了"我"，对"我"教育之深。

2. 本文的开头和结尾是如何照应的？首尾和中间部分有什么紧密联系？

答：本文首尾呼应，结构严谨。本文的首尾两部分是议论，中间部分是叙述。通过首尾的议论，把这件小事的意义提高了：赞扬了车夫的高尚品质；同时，也表现了"我"这个有着小资产阶级思想的知识分子，对黑暗社会不满，积极追求上进的思想感情，从而使中间叙述的这件小事的主题更加鲜明地突现出来。见下表：

开 头	结 尾
所谓国家大事，在我心里不留什么痕迹。只是增长我的坏脾气，教我一天比一天看不起人。但有一件小事，却于我有意义，将我从坏脾气里拖开，使我至今忘记不得。	几年来的文治武力，在我早如幼小时候所读过的"子曰诗云"一般，背不上半句，独有这一件小事，却总是浮在我眼前，教我惭愧，催我自新，并且增长我的勇气和希望。

3. 作者怎样刻画车夫的高尚品质？

答：作者先向我们叙述了老女人倒地的情况，以这个作为引线，引出下文：在北风飕飕的冬天，车夫拉着车，突然"伊"（她）"从马路边上向车前横截过来"，老女人的"破棉背心""兜"着车把，幸而"车夫早有点停步"，"已经让开道"，"伊"才没栽个"大斤斗"，只是"慢慢地倒地了"——说明老女人倒地责任不在于车夫。

老女人倒地后，车夫却毫不考虑谁的责任，而是"立住脚"，不顾"我"的催促，"放下车子，扶那老人慢慢起来"，"搀着臂膊立定"，还问伊说："你怎么啦？"——充分表现了他对衣服破烂的老女人的无限关切。

不仅如此，当老女人说"我摔坏了"时，车夫"毫不踌躇"，"搀着伊的臂膊"，"便一步一步的向……巡警分驻所……走去"——表现了车夫敢于承担责任的品质。

另外，作者还以"我"对老女人的不同态度，用"我"的"小"和车夫对比，"觉得他满身灰尘的后影，刹时高大了，而且愈走愈大，须仰视才见"，从而塑造了旧社会一个劳动者的高大形象。

4. "我"的思想是怎样变化的？并以此为例，谈谈这篇文章的写作特点。

答：首先，"我"看见老女人"伏"在地上，料定她没有伤，"又没有别人看见"，怕"误了我的路"，就催促车夫："走你的罢！"还"怪他多事"，"自讨苦吃"，冷漠埋怨的态度，暴露了"我"自私自利，不理解劳动人民的思想感情。

然而，当车夫"毫不踌躇"地扶着老女人向巡警分驻所走去时，"我"却"诧异"了，这正是"我"思想认识改变的转折，是车夫关心他人、勇于承担责任的行动震动了"我"，教育了"我"。"突然感到一种异样的感觉"，车夫的"满身灰尘的后影，刹时高大了"。"愈来愈大"，对"我"成了"威压"，甚至要"榨出皮袍下面藏着的'小'来"。车夫的品质，使"我"从车夫身上发现自己的渺小，能够无情解剖自己，深刻批判自己的自私自利。"我"的思想在逐步变化。

"我"的活力这时大约有些"凝滞"，反映了"我"思想斗争的激烈。"我"在羞愧之下"坐着没有动，也没有想"。"我"下意识地抓出一大把铜元，让巡警转交给车夫。但"我"立刻自责：这显然是对车夫的奖励，流露出"我"高车夫一等的思想。"这一大把铜元又是什么意思？奖他么？我还能裁判车夫么？""我"不能裁判车夫，反映了"我"不断鞭挞自己，追求进步的思想。就这样，完全把"我"从"坏脾气里拖开"。

通过"我"对车夫的行动，由不理解而埋怨到由敬佩而自责，采用了对比手法。这篇文章有三个方面采用了对比，这是文章写作上的一大特点，这种手法，相互衬托，更能表现主题。

上海市嘉定二中初二　金小铭

这位初二的学生经过一年多的自读训练就能在老师教读之前写出这样的自读笔记（当时班级里多数学生都能达到这样的水平），再经过一年多的训练，达到"不需要教"是完全可能的。

二、《孔乙己》自读笔记

这是一篇结合作文课写的自读笔记。在自读训练后期，学生的自读笔记多采用读后感或评论的形式，我有时候就让他们用自读笔记代替作文。本文题目《一个充满笑声的悲剧》是学生初读课文后一起讨论拟定的。我给了学生三个课时：一课时自读《孔乙己》文本，两课时写作。记得当时正好外省市有一批语文老师来校与我交流，在随意翻看我的学生作文簿时，发现了同学们写的《一个充满笑声的悲剧》，他们对初中学生能写这样的"文学评论"颇为吃惊。我告诉他们，这是学生写的自读笔记，不是文学评论，并向他们介绍了这班学生从初一开始的自读训练，引起了他们对"入格—破格"训练过程的浓厚兴趣，当场就借了好几本作文簿去复印。这篇读书笔记是当时学生中写得最好的一篇，在1980年代曾被人教版语文课本选作《孔乙己》课文的附录。

一个充满笑声的悲剧
——读《孔乙己》

《孔乙己》是鲁迅先生在"五四"前夕写的一篇具有鲜明反封建倾向的小说。主人公孔乙己是一个深受封建教育、科举制度毒害，可笑而又可悲的下层知识分子的形象。

孔乙己在小说中一出场，便是一片笑声，就连他的可悲的退场，也是在人们的阵阵笑声之中。总之，小小的咸亨酒店只要有孔乙己在，店内外便"充满了快活的空气"。

孔乙己究竟有何可笑呢？

你看，他的绰号——孔乙己，便是可笑的。因为他尊孔读经，又姓孔，人们便根据小孩子的"描红簿"中那句半懂不懂的话"上大人孔乙己"，替他取下了这个可笑的绰号。

孔乙己的性格更是令人发笑。

他自命清高，迂腐不堪。出现在咸亨酒店里的孔乙己，是"站着喝酒而穿长衫的唯一的人"。"站着喝酒"说明他的经济地位等同于那些"短衣帮"，但他深受轻视劳动人民的封建思想的毒害，不愿脱下那件"又脏又破，似乎十多年没有补，也没有洗"的长衫，摆出挺有学问的样子，以示比"短衣帮"高贵。当"短衣帮"问他"当真认识字么"的时候，他就"显出不屑置辩的神气"，这更明显地表现出他自以为读书高人一等的可笑心理。孔乙己熟读"四书"、"五经"，平日说话"满口之乎者也，教人半懂不懂的"。小说中还有一段孔乙己教小伙计"回"字四种写法的细节，说明他把这种一无用处的"知识"视若至宝，实在是"迂"得可笑。他处处想表现自己有高深的学问，甚至在给孩子们分豆时，也来几句《论语》里的话"多乎哉？不多也"。但这只能引来人们的一阵嘲笑罢了。为了显示自己的所谓"清高"，孔乙己还常以什么"君子固穷"，什么"者乎"之言来自我解嘲。例如：他偷了别人的书被人家揭穿了，他便"涨红了脸，额上青筋条条绽出"，没理找理地强辩"窃书不能算偷……窃书！……读书人的事，能算偷么？"在"窃"字和"偷"字上咬文嚼字，这不是挺可笑的么？

孔乙己深受封建思想的毒害，即使功名无望，也不愿以劳动来谋生。为了吃饱肚子，他"免不了偶然做些偷窃的事"，但又常常被人捉住，痛打一顿，以致"皱纹间时常夹些伤痕"。他懒得实在出奇，连自己的"又脏又破，似乎十多年没有补，也没有洗"的长衫，也从不补一下，洗一回。他尽管如此穷，如此懒，却好喝成性。甚至在被丁举人打折了腿之后，还用手"走"到酒店，喝他一生中最后一碗酒。这更是叫人哭笑不得！

总之，孔乙己是这样的自命清高，迂腐穷酸，好喝懒做，以致引起人们的阵阵笑声。但孔乙己却并不是一个喜剧人物，他在人们的笑声中演出的是一个社会的悲剧！

那么，孔乙己究竟有何可悲呢？

是的，孔乙己偷了丁举人的东西，被打折了腿，最后在贫病交加中悲惨死去，这当然是可悲的。然而孔乙己的可悲决不仅止于此。这篇小说的深刻含义，也决不仅止于揭露丁举人之流的冷酷残暴。

你看，"孔乙己是这样的使人快活，可是没有他，别人也便这么过"；平时谁也想不到孔乙己，只有酒店掌柜在逢时过节结账的时候，才会念叨一句"孔乙己长久没有来了。还欠十九个钱呢！"但掌柜想到的不是孔乙己这位穿长衫的顾客，而是孔乙己的十九文欠账！孔乙己就是这样一个既不能养活自己，对人又一无用处的废物！如果他还有一点"用处"的话，那只是作人们饮酒时的笑料而已。而这，正是封建思想、封建科举制度对孔乙己毒害的结果，造成孔乙己悲剧的社会根源就在这里。鲁迅先生要昭示于读者的，就是这种封建教育、科举制度所造成的罪恶！

咸亨酒店里人们之间的冷漠也是令人吃惊的。你看，当孔乙己被打折腿出现在酒店柜台前的时候，他得不到一句表示同情的话，得到的只是掌柜的取笑，人们的嘲讽！孔乙己完全为社会所遗弃，连他最后的死活都无人过问，因此，小说巧妙地以"大约孔乙己的确是死了"这句话作为这个悲剧的结局。"大约"与"的确"看似矛盾，实不矛盾。因为，从他当时的境遇（被打折了腿，而且时间又过了二十年），无疑可断定他是死了；但对他的死，谁也不关心，谁也不知道，因此，又用"大约"作了不肯定的假设。孔乙己就是这样一个死活无人过问的可悲的人物！从某种意义说，这种社会的冷漠甚至比丁举人的残酷更可怕。作者向我们展示的，不仅是孔乙己一个人的悲剧，而且是整个社会的悲剧！

鲁迅先生的《孔乙己》的确是一篇杰作，大概很少有一篇作品能够像《孔乙己》那样，把"笑"和"悲"如此完美地统一起来，成为一个充满笑声的悲剧。

上海市嘉定二中初三　瞿喻虹

这是一篇"破格"的读书笔记，用它作为对学生阅读能力的测量应该是可信的。学生写这篇文章的上世纪 80 年代前期，还没有网络可以搜索资料，文章又是在作文课上当堂完成的，学生写作时除了教科书上的简要提示外，没有任何依傍和参考，完全依靠学生自己对文本的阅读感悟。由此不难断言，当阅读训练到了"破格"之时，学生已进入"自主能级"，"不需要教"的目标就基本达到了。

坚守的定力源于"使学生终身受益"的信念

　　语文导读法自 1982 年问世以来，虽然得到了不少同行的首肯，但 30 多年来对它的批评之声也一直不绝于耳。我一向把批评者视为益友，因为他们不仅使我感受到了被重视的快乐，而且确实促使我反复验证语文导读法的科学性、合理性、可行性；如果说我现在对"三主"的表述已不像刚提出时那样粗疏，确实完全得益于这些批评意见。但"三主"的观点我却始终坚持，至今不悔，这不是由于我顽固守旧，而是某种信念的支持使我确信以"三主"为基本理念的语文导读法即使在"新课程"语境下仍有其存在的理由。这个支持我的信念就是：语文导读法是一种可以使学生终身受益的教学法体系，正如我早年的自学使我自己终身受益一样。

　　联合国教科文组织在上世纪 70 年代发表的著名教育文献《学会生存——教育世界的今天和明天》中指出：

　　未来的学校必须把教育的对象变成自我教育的主体；

　　受教育者将依靠自己征服知识而获得教育；

　　自学，尤其在帮助下的自学，在任何教育体系中，都具有无可替代的价值。[1]

　　这些论述，增添了我坚守信念的勇气。因为语文导读法无论其理论层面的"三主"，还是其操作层面的"三式"，都指向一个明确的目标：培养学生的自学能力，使学生最终摆脱对教师的依赖，从而成为不但在学习上能够自主，而且在人格上、意志上能够真正"自立"的人！

---

[1] 联合国教科文组织国际教育发展委员会：《学会生存——教育世界的今天和明天》.北京：教育科学出版社，1997 年，第 100 页。

有人说："'三主'早已是明日黄花。"

想想也是，"三主"自 1982 年提出至今已有 30 多年，这三朵"黄花"是该到凋谢的时候了，但 2010 年国务院审议通过的《国家中长期教育改革和发展规划纲要（2010—2020 年)》中却采用了这样的表述："以学生为主体，以教师为主导，充分发挥学生的主动性，把促进学生健康成长成才作为学校一切工作的出发点和落脚点。"可见至少"三主"中的"二主"这两朵"黄花"今天还开着；至于"训练"是不是会"过时"，会不会从语文教学中"淡出"，谁说了都不算，要等待时间——这位最权威、最公正的"法官"作出最后的"判决"。

著名心理学家朱智贤先生主编的《心理学大词典》，把语文导读法作为条目收入，这对我来说确实是一种少有的学术待遇，至少说明了学术界对语文导读法的认可。词典释文如下：

语文导读法（*method of orally reading Chinese under guidance*） 中国中学语文特级教师钱梦龙探索、总结的一种颇有成效的语文教学方法，一种引导学生真正学得主动、在学习过程中积极思考、从而锻炼自读能力的新型教学法。它既不同于以注入知识为主的教学法，又与以谈话提问为主的教学法异其旨趣。……①

有意思的是，收录"语文导读法"的页码，正好是该词典的 888 页，"8、8、8"这个在国人心目中"大吉大利"的数字，不知是不是暗寓着对我的提醒和鞭策：不要停下探索的脚步，语文导读法应该发展、发展、再发展……

---

① 朱智贤:《心理学大词典》，北京：北京师范大学出版社，1989 年，第 888 页。

辑三　语文教学浅思录

语文教学，何必谈"性"

　　中小学语文课程如何定"性"，长期以来都是一个聚讼纷纭、争论不休的问题。由于语文课程一直被注入太多的政治元素，这种争论常常变得十分敏感，牵动着不少人的政治神经。

　　定"性"问题最早的起因，可以上溯到 20 世纪 50 年代后期至 60 年代初。在那个"政治是灵魂"、"政治统帅一切"的"大跃进"年代，一场轰轰烈烈的"教育革命"，在语文教学领域的"伟大成果"，就是使语文课一"跃"而成了非驴非马的"政文课"①！以政治教育为目的的所谓"语文"活动，代替了常规的语文训练，最终导致语文教学质量严重滑坡，学生语文能力大幅度下降。于是，从 1959 年开始，在全国范围内对语文课程的目的、任务等根本问题开展了大讨论。"工具论"就是这场大讨论的一个重要收获，并于 1963 年以国家文件的形式反映在教育部制定的中小学语文教学大纲中。"语文是学好各门知识和从事各种工作的基本工具"，语文教学在这一思想主导下，开始摆脱政治附庸的地位，转而重视语文基础知识的教学和读写听说训练。在那个特殊的年代，那样为语文课程定性，至少找到了一个可以不必完全屈从于政治干预的"理论武器"，无疑有着现实的意义。直到"文革"以后，"工具论"仍然作为语文教学拨乱反正的指导思想，发挥着一定的历史作用。

　　但是，由于"工具"概念内涵的模糊性，在实际教学中很难把握分寸，加以 1980 年代中期以后日益沉重的应试压力，致使语文教学中刻板烦琐的字、词、句操练愈演愈烈，语文教学逐渐异化为一种束缚学生思维、扼杀学生灵性的桎梏。于是人们把怨气一古脑儿都倾泻到了"工具性"头上，

---

① 当时不少省市都曾取消语文课，改称政文课。

在不少义愤之士的口诛笔伐下，"工具性"在人们的印象中一时成了保守落后的代名词。人们谈论语文教学，多以标榜"人文性"为时尚，对"工具性"大多三缄其口；一些理论专家则试图以各种各样的"性"取"工具性"而代之，或补其不足，一时之间冒出许多"性"来，诸如"社会性"、"实践性"、"综合性"、"模糊性"、"文学性"、"人文性"、"语言性"、"言语性"等等，不一而足。专家们用意是好的，确实也都言之成理，从探索的过程看，每一种"性"至少提供了一种选择的可能性，应该说也是作出了贡献的。但语文教师面对一大堆的"性"，却有些无所适从，于是戏称之曰"性骚扰"，大多不予理会，因此无论这"性"那"性"，对实际的语文教学都没有产生什么影响。这种状况延续了很长时间，直至"新课标"以教育部文件的权威性，一锤定音于"工具性与人文性的统一，是语文课程的基本特点"，才算为多年的争论画上了句号。对"两性统一"这个权威论断，虽然仍有一些专家持保留态度，但基本上已众响毕绝，少数持异见者已孤掌难鸣。

一门课程的定"性"问题，竟然困扰了中国语文教育界长达半个世纪！这种情况在世界教育史上绝无仅有，恐怕是仅见于中国语文教坛的一道奇特的风景线。

当然，如果"两性统一论"确实可以解决语文课程"为何教"、"教什么"、"怎样教"这些根本问题，倒也罢了。遗憾的是，实际情况并非如此，尤其在实践、操作层面，问题更是多多。

首先，究竟何为"工具性"，何为"人文性"，至今尚无确切、权威的界说，教学操作时就难免找不到方向；其二，既然"何为工具性"、"何为人文性"这些基本问题都没有弄清楚，那么"两性"在教学过程中如何"统一"，更无从谈起。

先说"工具性"。它不仅出现较早，而且似乎比较具体而容易捉摸，可事实却不是这样。语文（准确地说应该是"语言"）到底是一种什么"工具"？答案就很纷繁。在1963年的语文教学大纲中，它是"学好各门知识和从事各种工作的基本工具"（后来又说是"基础工具"）；但在稍前发表的《文汇报》社论《试论语文教学的目的任务》中，它的功能被大大地放大了，不仅是交流思想和感情的工具，而且还是阶级斗争的工具、生产斗争的工具、传播知识的工具、学习马克思列宁主义和攀登科学文化高峰的工具、认识世界和改造世界的工具，简直成了一种"万能工具"；到了"文革"中，这个无所不能的"工具"只剩下了一个功能："阶级斗争的工具"。如今"新课标"把它定位为"最重要的交际工具"，但在现实的课堂上它却仍然不断扮演着"应试工具"的角色。请看，似乎一伸手就能抓住的"工具"，就闹不清它究竟是干什么的，那么所谓的"工具性"，其内涵也就说不大清楚了。事实上，语文作为一种"工具"，不同于任何物质形态的工具，语文工具本身就蕴含着复杂的思想情感和人文内容，把它作为与"人文性""对举"的一个概念，在思想方法上就落入了机械论的窠臼。至于语文课怎样上才算体现了"工具性"，恐怕更是人言言殊，莫衷一是。

至于"人文性"，恐怕比"工具性"还要玄乎些。"人文"作为一个词，在我国是古已有之。《易》就有"观乎天文，以察时变；观乎人文，以化成天下"之语，句中的"人文"与"天文"相对，指的是人世间的各种现象，看来与语文课程"人文性"的"人文"并没有多大关系。西方倒是有个"人文主义"，是欧洲文艺复兴时期新兴资产阶级反对神学和封建主义的一种社会思潮。这种思潮秉承着西方人本主义的深厚传统，肯定和注重人、人性，主张天赋人权，要求在各个文化领域里把人、人性从神学和一切精神奴役的禁锢中解放出来。此外，西方在学科分类上还有"人文科学"这样一个大类，据《辞海》释文，人文科学指有关人类利益的学问，以区别于曾在中世纪占统治地位的神学。狭义的人文科学指拉丁文、希腊文、古典文学的研究；广义一般指对社会现象和文化艺术的研究，包括哲学、经济学、政治学、史学、法学、文艺学、伦理学、语言学等。现在我们所说的"人文性"的"人文"，既然不是我国古已有之的那个"人文"，那么其含义跟人文主义、人文科学的"人文"也许有点渊源，但西方的"人文精神"似乎又不是领导教育的人士所喜欢和期待的那种东西；况且其内涵和外延究竟如何，至今还没有比较确切的"说法"。总之，究竟何为"人文性"？

它跟过去习用的"思想性"有哪些不同？语文"新课标"规定的目标"三个维度"之一的"情感态度与价值观"，是不是"人文性"在目标取向上的体现？如果是，那么我们究竟要倡导什么样的情感态度与价值观，是西方人文主义的情感态度与价值观吗？这些问题大家都稀里糊涂。"新课标"只是端出"工具性和人文性统一"这样一个抽象的命题，却把该命题的"解释权"下放给了全中国的语文老师！问题是，连"新课标"研制组组长巢宗祺教授在接受《语文学习》编者访谈时都不得不承认"语文的人文性与工具性是个比较复杂的问题，不是三言两语就能概括清楚的"[①]，"新课标"研制者都不容易说清楚的东西，语文老师们又怎能搞得清楚？既然在理念上不清不楚，又怎能期望在教学实践中处理好"两性"的"统一"呢？

事实也正是如此，在"两性"关系的表述上，尽管反复强调"统一"（过去说的是"文道统一"），但"工具性"和"人文性"似乎总是两个可分可合的东西，这种"两性"对举或分立的思维模式，反映到教学实践上，于是出现了"工具性"与"人文性"互相抗衡、此消彼长的现象；几十年语文教学演变过程中，总是反复出现"不是此性压倒彼性，便是彼性压倒此性"的轮回，恐怕决不是偶然的。在当前，由于起始于1980年代后期对语文教学的大批判，不少论者把应试模式下语文教学人文精神的失落不分青红皂白地归罪于"工具性"，因此语文教学已经出现了读写听说训练逐渐淡化、所谓的"人文性"（其实往往是道德说教或煽情）过度膨胀的倾向，在一些观摩课、展示课上，这种倾向尤其明显，已经引起了普遍的关注和忧虑。

作为一名长期耕耘在教学第一线的普通语文教师，我常常在琢磨一个也许不值得学者专家一笑的低级问题：语文课程难道非定性不可吗？难道不定性语文教学就真的找不到方向了吗？我想，我们与其在定性难题上耗费大量时间和精力绕来绕去，绕到最后仍然糊里糊涂，教学中又容易产生种种负面效果，那为什么不彻底摆脱在长期争论中形成的"两性对举"的

① 温泽远：《解读课程标准——巢宗祺访谈录》，《语文学习》，2002年第1期

思维惯性，扔掉"工具性"、"人文性"这类抽象的概念，直接面对"为何教"、"教什么"、"怎样教"这些问题本身呢？事实上，世界上除了中国以外的其他国家的母语课程，似乎都没有遇到过难以定性的尴尬，他们的语文教学不是照样搞得很好、甚至搞得更好吗？

语文课程不再定性，并不意味着不能定"向"。

中小学究竟为什么要开设语文课？语文课程究竟期望学生通过学习得到些什么？答案其实很简单：为了使学生获得与其学历相应的语文素养。这就是语文课程的基本目标。事情就这么简单！

"语文素养"是语文新课程的核心概念，它的提出是多年语文教学探索的重要成果之一。语文教学的一切努力，说到底，就是为了提高学生的语文素养——这样定向，目标集中，要求明确，在教学中也比较容易把握。当然，必须给"语文素养"一个界定。

百度一下，网页上涌出了上千条关于"语文素养"的搜索结果，但大多是各说各的，莫衷一是。这里有两种情况。一种是刻意求深。比如下面的界定：

> 所谓语文素养其实就是人的一种生活质量。语文素养不是一个心理学概念，而是一个哲学概念，它在语文生活理论的观照下，被升华为一种表达人的语文生活境况的文化范畴。它的核心，是对语文的生活意义的"批判态度"。这种对语文的生活意义的"批判态度"，是建立在关于语文的生活意义的充分认识的基础之上的。……从这个意义上来说，语文素养，就是语文生活的素养，其核心，就是人的语文生活方式。它标志着人的语文生活的质量。

浅陋如我，揣摩了半天，还是不明白这位论者所说的语文素养究竟是个什么东西。

还有一种是不加限制的泛化。例如不少论者都把思想修养、品德修养等也归到了语文素养的名下。网上看到一份官方或半官方的文件，甚至把爱国主义、为人民服务的精神、民主法制意识等等，都作为"语文素养的基本要求"①，使语文素养变成了一个大而无当的"筐子"，正如有人调侃的那样：语文素养是个筐，什么都能往里装。语文素养概念的外延这样无限扩张，弄得它无所不包，其实恰恰取消了它存在的意义。

什么是语文素养？根据常识来回答，其实也很简单：所谓"语文素养"，就是"语文的素养"（"素养"就是"平素的修养"，这不必解释）。"语文的素养"是一个偏正词组，中心词是"素养"，"语文的"是限制语，表明这个"素养"不是一般的素养，而是"语文方面"的素养。给它界定时不能无视这个限制语的存在，上面说到的思想品德修养、爱国主义等等，显然不在"语文的"的界限之内。

例如，我们要判断一个人的语文素养如何，大致只能从以下几个方面考虑：

> 读写听说的能力如何？
> 是否具有相当的语文知识？
> 对母语是否有深厚的感情和正确的态度？
> 文学审美趣味和能力如何？
> 是否有较宽的文化视野？

以上五个方面，是构成语文素养的"五要素"，大体显示着一个人语文素养的水准。至于其人的思想品德修养如何，是不是爱国等等，是不必考虑的，因为品德修养高的人也可能语文素养很差，反之亦然。

五要素不是完全并列的，其中读写听说能力是语文素养的核心，因为只有有了较强的读写听说能力，其他四个方面才能得到很好发展；而在读写听说四项能力中，阅读能力又是基础，因为只有善于阅读的人，才能从各种读物中汲取需要的信息和精神养料，拓宽文化视野，才能全面提高自己的语文素养。五要素中不包括思想品德，是不是意味着语文教学可以放弃思想品德教育呢？绝对不是！目标集中，不是目标单一，更不是目标唯

---

① 高中语文课程标准研制组：《关于高中学生语文素养的基本要求》。

一．"语文素养"不包含思想品德修养，不等于语文教学可以不管学生的思想品德。问题在于怎么"管"。

首先，语文课程进行怎样的思想品德教育（不说"人文教育"，因为我至今都弄不明白"人文"的具体内涵），主要是通过制订课程标准和编写教科书来规范和体现的，而这又受到国家教育政策的制约。国家要求制订怎样的课程标准，编写怎样的教科书，学生就接受怎样的思想品德教育。因此，怎样确定语文课程思想品德教育的目标和内容，主要是课程标准制订者和教科书编写者的职责，语文教师不必要也不可能负有这样重大的责任。

其次，对语文教师而言，语文课上进行思想品德教育的途径，主要是通过帮助学生正确阅读教科书（课文），使学生在提高阅读能力的同时，受到课文所蕴含的思想情感的熏陶感染，从而接受或评价作者表现于文本中的情感态度与价值观。教师所关心的主要是怎样教会（不是代替）学生读书；学生的思想人文素养的提高，应该是他们学会读书以后一个自然的结果。教师的职责就在于帮助学生在阅读过程中真正学会与文本作者对话，学会从课文中获取语言信息和精神养料来丰富、提升自己。就是说，语文课上的思想品德教育（人文教育）因素，不是教师刻意"渗透进去"，而是学生自己从文本的字里行间"读"出来，进而潜移默化地融入学生心灵的。这正是语文课不同于政治课、思想品德课的最基本的特点。这一点，应该在课程标准关于"教学方法"的提示中，给教师以明确的指导，这比反复强调抽象的"工具性和人文性统一"更容易为教师所理解和掌握，教学中出现偏差（如烦琐的字词句操练，或"人文性"畸形膨胀）的可能性也会小得多。

这样，语文教学的目标相对比较单纯了——教学过程中所有的环节都是为了提高学生的语文素养；也有了一个重要的"抓手"：抓住了提高学生语文素养的核心，即读写听说能力，尤其是阅读能力，就抓住了语文教学的"牛鼻子"。语文教师的"主攻方向"，就是指导学生学会阅读，如此而已。我看过不少作家、学者谈自己成长过程的文章，发现尽管每位作家、学者所走的道路并不一样，但有一点却是惊人的一致：几乎所有的作家、学者都认为少年时代就爱上了读书，对他们日后走上文学创作或学术研究之路有着毋庸置疑的影响。从这个意义上说，阅读可以改变人生。可见，阅读能力虽然不是语文素养的全部，但它是提高学生语文素养的最坚实的基石。可以断言，一个语文教师如果能够把自己的学生都培养成爱读书、会读书、多读书的"读书人"，那么，"提高学生的语文素养"就不是一个看得见摸不着的遥远的目标了。这比空谈什么"性"更切合语文教育的实际。

这篇无甚高论的小文章，只是提出一些粗浅的想法，基本都属于常识的范畴，然而在常识稀缺的当下，常识往往比精致的理论更接近事物的本来面貌。

最后还想顺便说一句，近几年对语文教学的过度研究和过度开发，已经使语文教学朴素的本相变得越来越扑朔迷离，让人难以辨认了，跟普通语文教师的隔膜也越来越深了。

为语文教学招"魂"

语文教学近年来在教育改革的大背景下，尤其自"新课标"颁布以来，加大了改革的力度，呈现出不少新的气象、新的景观，那种统得过死、教得沉闷、学得刻板的格局正在改变；但正如列宁所说的："只要再多走一小步，仿佛只是向同一方向迈出的一小步，真理便会变成谬误。"目前的情况正是如此，以致语文教学出现了一系列"失魂落魄"的症状，很有必要为它招一招"魂"。

何以见得？

首先，什么是"语文"变得有些糊涂起来了。语文教师教的这门学科，新中国成立前中学叫"国文"，小学叫"国语"（现在台湾仍沿用旧名），新中国成立后一律改称"语文"。叶圣陶曾对改名作过解释，他说："彼时同人之意，以为口头为'语'，书面为'文'。文本于语，不可偏指，故合言之。亦见此学科'听'、'说'、'读'、'写'宜并重，诵习课本，练习作文，固为读写之事，而苟忽于听说，不注意训练，则读写之成效亦将减损。"那时语文教师都清楚自己教的是一门什么学科。但如今却有些不清楚了。就我所见到的对于"语文"概念的阐释，至少有四种比较流行说法："语言和文字"、"语言和文章"、"语言和文学"、"语言和文化"，似乎再说"口头为语，书面为文"便有落伍之嫌。说法、主张很多，遗憾的是迄今尚无共识。语文教师们教了几十年语文，到头来却连自己教的究竟是一门什么学科都说不清楚，岂非怪事！

其次，语文课程的性质，1963年编制的"语文教学大纲"提出了个"工具性"。近年来不少批评者毫无来由地把语文教学的应试倾向归罪于"工具性"，于是一下子涌出了许多"性"，试图取"工具性"而代之，诸如"实践性"、"社会性"、"时代性"、"言语性"、"语言性"、"文学性"、"审美性"、

"人文性"，等等，大有泛滥之势，结果当然是谁说了都不算。这个"定性难题"，最后由教育部制订的语文"新课标"作出的权威性规定"工具性和人文性统一"而得到了解决。但似乎还没有完全定于一尊，众响毕绝，从各种媒体中还时常可以听到一些不同的声音。至于究竟何为"工具性"？何为"人文性"？语文教学究竟怎样体现二者的统一？"新课标"里找不到答案，专家们又各说各的，老师们还是糊涂得很。

一个是课程的"定名"问题，一个是课程的"定性"问题，二者似乎都是事关语文教学方向性的大问题。但近年来恰恰在这两大问题上歧见最多，加以"应试"的沉重压力，弄得语文教师们无所适从，无可奈何地发出了"语文越教越不会教"的感慨。据我有限的见闻，其他国家（包括一些教育发达的国家）的语文教育似乎都没有遇到过像我们所遇到的这种种麻烦；于是，围绕这两大难题掀起的一次次热烈争辩，形成了我国语文教坛一道独特的风景线。

困惑中的老师们很想从一些研究语文教学的论著中找点启示，却又跌入了理论的"迷魂阵"，结果是越找越糊涂。从某些迹象看，教育界的专家们似乎下定决心要用西方的教育理念和模式来"重塑"中国的语文教学，于是，凡本土的、传统的经验和理论，便都是落后的、不科学的，甚至像叶圣陶先生这样的一代宗师在一些人的眼里也成了语文教学前进的"绊脚石"。这种状况造成的思想混乱，反映在教学实践上就发生了种种"失魂落魄"的现象。这有两种情况：一种是不管你东方西方，也不管你如何定"名"定"性"，他仍然顺着"应试"的旧轨道，我行我素，抱残守缺，这种情况大量见于日常的语文教学；另一种情况是刻意求"新"，锐意"改革"，尤其在一些"展示课"上，执教老师为了张扬"人文性"，增大教学内容的"文化含量"，于是放弃了实实在在的读写听说，一会儿播音乐，一会儿放图像，一会儿小组讨论，一会儿即兴表演，花花哨哨，热热闹闹，但一篇课文教下来，学生读课文仍然结结巴巴，丢三拉四，如同没有学过一样，问及课文语句，更是茫然不知。不是说这些新花样不能搞，搞得好确实也能提高学生学习语文的兴趣。但如果因此忘记了语文教育究竟是干什么的，那就得不偿失了。近年由于多媒体的广泛运用，不少语文课上快餐式的"读图"几乎取代了"读文"的训练，这又进一步加重了语文教学"失魂落魄"的症状。问题的严重性尤其在于，这种包装亮丽，华而不实的课目前正在作为某种改革的"范式"而被纷起仿效着。这种状况不能不令人回忆起 1958 年在"突出政治"的口号下掀起的那场轰轰烈烈、热热闹闹的"教育革命"，那场"革命"最终是以教学质量大幅度下滑的教训而被写进我国的教育史的。

语文教学中盲目追风、刻意"西化"的现象似乎也超过了其他学科，如把建构主义、后现代主义等西方思想引入语文教学，这确实有利于改革教师主宰一切的旧教学模式，但有些老师却走向了另一极端：淡化乃至取消教师在指导学生学习过程中的作用。比如有篇文章提出这样的观点：

> 教学是一个动态的过程，在这个过程中师生始终是平等的，不存在谁指导谁的问题，教师并不一定比学生高明。教师是单脑，学生是群脑。教师不过是学生读的一本书，……而学生也是教师要读的一本书。（《教学模式的是与非》，《语文学习》2001 年第 2 期）

这种典型的"师生无差别"论，目前正作为一种现代教育理念而为某些同行所津津乐道。师生之间当然应该建立一种平等对话的关系，教师确实并不处处比学生高明，确实也应该向学生学习（这些观点 1200 多年前的韩愈就已提出了），但教师对学生的指导是教师的专业地位赋予他的一种职责，教师在师范大学四年的专业训练也使他具备了指导学生学习的能力（有些老师没有读好师范课程，不具备这种能力，另当别论）。师生人格上的平等不等于专业能力上的无差别。教学过程理所当然是教师指导学生学习的过程，一名教师如果在教学中放弃了自己作为指导者的职责，或者他并不具备指导学生学习的专业能力，真的很难想象课堂上会出现一种什么局面。其实，即使是在建构主义和后现代主义教学模式下，教师作为指导者的作用也是不能取消的。后现代课程论有一句经典名言"教师是平等中的首席"，既是"首席"，就跟"非首席"的学生有了差别。

还有些老师试图用西方的文学或美学理论来改造语文阅读教学。其中最有代表性的是"接受美学"。接受美学强调读者与文本的对话和读者参与作品的创造。在接受美学看来，文本本身的意义是"不确定"的，作品意义的发现和最后建构是由读者完成的。而由于不同读者的生活阅历、审美情趣、思想修养、理解能力各不相同，因此必然形成文学接受结果的差异性、独特性。接受美学的经典名言是："一千个读者就有一千个哈姆雷特"。接受美学在崇尚个性的当代流行，无疑有其必然。但学生在语文课上的阅读是在教师指导下的一种有目标的学习行为，过去统得太死，唯标准答案是从，当然必须纠正，但也不能把语文课内的阅读教学和一般读者的欣赏文学作品等同起来。学生由于知识准备和阅读经验的不足，尤其在大多数学校大多数学生还缺乏必要的阅读能力的情况下，如果没有教师的指导，要求学生自己去"创造"作品，"发现"意义，就像要他们抓住自己的头发离开地球一样，结果只能是乱了套！再说"一千个哈姆雷特毕竟还是哈姆雷特"（见赖瑞云《混沌阅读》），"创造"也不能离谱太远，例如有的学生读了朱自清《背影》后的一大"发现"竟然是：父亲违反了交通规则！这种"发现"恐怕并不比老师提供"标准答案"更糟糕。

语文教学要回归语文教学，首先要把语文教学丢失的"魂"招回来。

什么是语文教学的"魂"？

这就不能不回到一个根本性的问题上：中小学究竟为什么要设置语文课？

纵观世界各国的教育，无论体制有怎样的差异，都必然把对下一代进行民族语教育放在首要的地位。因为"民族的语言即民族的精神，民族的精神即民族的语言，二者的同一性超过了人们的任何想象。"（洪堡特）民族语不仅是民族精神、民族文化的最重要的载体，而且它本身就是民族精神和民族文化的重要组成部分；对下一代进行民族语的教育，是传承、延续、发扬民族精神、民族文化的必然选择，而这个任务在中小学的各门课程中毫无例外都由语文课承担。换言之，中小学设置语文课程的目的就是为了对下一代进行民族语的教育。语文教学，说到底就是民族语教育。

民族语教育正是语文教学之"魂"！

参照其他国家民族语教育的目标取向，也可以得到印证。如美国、英国、法国、俄罗斯、日本等国家的课程标准或教学大纲也都把民族语教育作为语文课程的中心目标，尽管课程名称各国不同，但目标是一致的。美国"大学入学考试协议会"（CEEB）一份报告中说得很明确："语言，无论是写与说的场合、听与读的场合，都构成教育的中心。"（转引自王荣生《语文科课程论基础》第 132 页）这些国家似乎都没有发生过关于语文课程的名称之争，更没有难于定性的尴尬。在他们看来，语文课程理所当然是对学生进行民族语教育的，这是明摆着的道理，不须论证，也毋庸置疑。

　　认定了民族语教育这个目标，那么，这些年来关于什么是"语文"的概念之争就显得毫无意义，恐怕也不会在"定性难题"上再纠缠不休，问题一下子就变得豁然开朗起来。

　　既然是民族语教学，我们就必须充分重视本民族在长期的民族语教学中积累的宝贵经验。拒绝借鉴国外的先进经验和理论，是愚蠢的，但正如俄罗斯谚语所说的"自己的衬衣穿起来最贴身"，借鉴毕竟只是借鉴，它绝不能代替我们对自己的教学经验的总结和研究。这一点，对我们尤其重要。因为我们教的是汉语（汉民族语），它是一种完全不同于印欧语系的非形态语言，教学当然要适应汉民族语独具的特点。首先，我们用于记录语言的汉字是一种表意文字，每个字都有固定的形、音、义，必须一个一个地记，与印欧语系的拼音文字有着明显的差别。其次，它不像英语或法语那样必须依靠严格的形态变化显示句子的语法关系。汉语是一种"人治"语言，不是"法治"语言，遣词造句主要依靠语感和对词语的语境意义的把握。中国人写文章，即使不懂语法，全凭语感一样可以写得文从字顺。我国的语文教学从上世纪 50 年代以来，受苏联俄语教学的影响，试图通过理性的分析帮助学生掌握汉民族语的规律，于是大讲语法知识，进行孤立刻板的词句操练。几十年的实践已经证明这种不顾汉语特点、生搬外国经验的做法是根本行不通的。

　　我国传统的民族语教育的经验，概括地说，主要凭借对范文（它们是运用民族语的典范）的学习，培养学生对民族语的感悟能力和热爱民族语的感情，并使学生在掌握民族语的过程中受到民族精神、民族文化的熏染；同时又通过写作的训练，提高学生理解和运用民族语的能力。因此，读和写（扩大一点，还包括听和说）是学习民族语的必由之路。中小学为什么要开设语文课？叶圣陶先生说得再明白不过："学生须能读书，须能作文，故特设语文课以训练之。"以达到"自能读书，不待老师讲，自能作文，不待老师改"的目的。语文教学，说到底，就是这么回事：教会学生读书和作文，使学生在读和写的实践中学习和掌握汉民族语。

读和写（包括听和说），作为学生在语文课上学习民族语的主要实践方式，其中"读"又是基础，是根本。从语文课程内部的课时分配看，阅读教学占的分量最重；语文教学理念的更新，也首先表现在阅读教学的改革上。道理很简单：阅读是学生学习民族语的主渠道。在阅读教学过程中，学生通过对范文的诵读、品味、赏析，生成语感，积累语料，学习民族语的丰富的表现力；在此同时，也受到范文所蕴含的思想、情感、情操的熏陶。因此，正是对民族语的学习，充分体现了语文课程熏陶感染、潜移默化的功能。这些道理是不言而喻的，不必非要通过定什么"性"才能解决。在学生学习范文的过程中，民族语作为一种工具，不仅是交际的工具、思维的工具，更是学生提高语文素养、丰富精神世界的工具（我并不认为语文课程必须定性，"工具性"在上世纪60年代提出有其历史背景，今天再要坚持并无必要，但我反对人们对语言仅仅作为交际工具的褊狭理解）。我赞同苏联教育家达尼洛夫的观点："本族语是对学生进行普通教育的基础。本族语本身包含着使学生得到全面发展的最大可能性。"我想，一位语文教师，如果确实教得学生能够熟练地运用民族语，能读会写、能言善听，则厥功至伟，此外还有什么呢？

总之，语文教学认定了民族语教育这个目标，多一点对民族传统、民族文化的尊重，也就找到了语文教学的"魂"。少一点花里胡哨，让学生实实在在地接触文本，实实在在地触摸语言，实实在在地学会读书和作文（包括听和说），语文是完全可以教好的，决不会"越教越不会教"。

语文教学，魂兮归来！

说"训练"

写下这个题目，不禁有些犹豫：因为曾有老师提出批评，说我坚持"训练"的主张，目的是"要独树'工具性'这面旗帜，重铸'以训练为主线'的辉煌"。这次又要谈训练，很可能又会招来"执迷不悟"的指责。不过转而一想，谁都不是真理的化身，真理正是在不同意见的对撞中逐渐显现的；如实地把自己想说的话说出来，才得以就正于高明。

一、《语文课程标准》淡化训练是一个未必正确的导向

自从《语文课程标准》（以下简称"课标"）颁布以来，"训练"便在语文教学中逐渐淡出，老一辈语文教育家十分强调的读写听说训练、语言训练、思维训练……在青年语文教师中已变得有些陌生。因为作为全国语文教学纲领性文献的"课标"是不主张训练的，训练在语文教学中便丧失了"合法"的身份，甚至成了"应试操练"的代名词，受到不应有的误解和排斥，表现在实际教学中，便是凌虚蹈空式的语文课越来越多，实实在在的读写听说训练正在离语文课愈来愈远，语文课上让学生安静地坐下来静心读书的情景已经很难看到，所谓"双基"（基础知识和基本技能）更是早已弃之不顾。在一些令人眼花缭乱、华而不实的展示课上，这种倾向尤其明显。有人说，这不过是展示课上的倾向，你不要以偏概全。但问题恰恰是展示课出现这种倾向才更值得忧虑。因为展示课是用来展示甚至示范的，能上展示课的老师一般都比较优秀，上课之前还都作了精心备课，因此展示课出现这种倾向，至少说明在不少老师的心目中以为这样的课才是符合课改精神的真正的语文课。展示课的辐射效应是不容忽视的，如果不加以指出，对提高语文教学质量、提高学生语文素养十分不利——事实

上已经产生了不利的影响。

制订"课标"的专家们为什么如此不喜欢训练？他们给出的理由是："要'倡导启发式、探究式、讨论式、参与式教学，帮助学生学会学习。……因此'训练'不应该像过去那样作为唯一的教学实施方式或者作为教学实施的'主线'。"（见《〈全日制义务教育语文课程标准〉修订工作说明》）从这段话看，专家们对"训练"的理解是可以商榷的。他们也许认为"训练"只是为培养较低层次的技能而进行的"操练"，不符合他们提出的"工具性和人文性统一"的主张。这其实是对"训练"的误解。

什么是"训练"？

训练不是单纯的练习，更不是应试操练。"百度百科"这样解释训练："有意识地使受训者发生生理反应（如建立条件反射、强健肌肉等等），从而改变受训者素质、能力的活动。和教育一样，训练也是培养人的一种手段。"我认为这个解释是基本符合训练的本义的。请注意上述解释中的"有意识地使受训者……"这一句，它省略了一个主语：施训者。训练是施训者为了改变受训者的素质、能力而进行的一种施、受双向活动，比如运动场上的训练是教练（施训者）和运动员（受训者）之间的为了改变运动员的素质和能力而进行的双向活动。据此推理，语文教学中的训练，就是教师以提高学生的语文素养、语文能力为目的而进行的师、生双向活动。叶圣陶先生说得好："学生须能读书，须能作文，故特设语文课以训练之。最终目的为：自能读书，不待老师讲；自能作文，不待老师改。老师之训练必做到此两点，乃为教学之成功。"叶老的意思十分明白：中小学之所以要设置语文课，是为了训练学生，使之达到"自能读书"、"自能作文"的"最终目的"。叶老所说的训练，就是一种老师"教"、学生"学"、最终使学生"学会自己学习"的双向活动方式。它跟"倡导启发式、探究式、讨论式、参与式教学，帮助学生学会学习"并不构成相互对立或排斥的关系，而是一种包容或兼容关系。

比如，"修订说明"中说的"倡导启发式、探究式、讨论式、参与式教学，帮助学生学会学习"，这里的关键词是"帮助学生学会学习"，前面几个"式"都是为此服务的。试问：怎样才能"帮助学生学会学习"？除了把学生引导到自主学习的情境中去反复实践，别无他途，这叫做"在学习中学会学习"，正如人们常说的"在游泳中学会游泳"，其实就是一个训练过程。叶老说的"学生须能读书……故特设语文课以训练之"，训练正是学生学会读书（或曰"学会学习"）的唯一途径。至于启发式、探究式、讨论式、参与式等等，都不过是不同的师生互动（训练）方式而已：启发式是教师以启发的方式与学生互动，而不是填鸭灌输；探究式、讨论式、参与式都是学生在教师的组织、指导下进行的学习方式，说到底仍然离不开"师生互动"，换言之，学生要学会探究、学会讨论、学会参与，这都需要训练；学生探究、讨论、参与的能力不是天生就有的，只能是训练的结果。

上述"修订说明"的最后一句"'训练'不应该像过去那样作为……教学实施的'主线'"显然是针对我提出的"训练为主线"而说的，因此不得不再啰唆几句。

我在1980年代初曾提出"学生为主体，教师为主导，训练为主线"的"三主"教学观并作了这样的阐释：学生为主体是教学的根本立足点和出发点，着眼于学生的"会学"；教师为主导是学生实现其主体地位的必要条件，着眼于教师的"善导"；学生的"会学"、教师的"善导"在教学过程中的互动，必然呈现为一种生动活泼的训练形态，它必然贯串于教学的全过程，成为"主线"。可见，"三主"不是三个命题的静态排列，而是对教学中师生互动过程的动态描述。你只要承认前面"二主"，必然也不能不承认"训练为主线"，因为训练是师生互动的基本形态。有人说"三主"早已成"明日黄花"了，这话也许说得不无道理，"三主"这三朵"黄花"毕竟已经开了三十多年，是到了该谢的时候了，不过国务院审议通过的《国家中长期教育改革与发展规划纲要（2010—2020年》中也用了"以学生为主体，以教师为主导"这样的表述，可见至少"三主"中的前"二主"目前还开着花；至于训练是不是真会从语文教学中淡出，你我说了都不算，"课标"研制组的专家们说了也不算，而要等待时间——这位最公正、最权威的法官，作出最后的裁决。

其实，"课标"研制组的专家们也不是一律排斥训练的。"课标"修订组组长温儒敏先生在他的多次发言中就曾一再强调训练的重要："读写能力实践性强，要反复训练"、"我们不害怕提训练"、"要理直气壮的抓基本训练，抓工具性，不然会有问题的。"这是温儒敏先生在"全国高中语文课标、教材、教学研讨会"上所作的题为《对高中语文课程改革的几点思考》专题报告中关于训练的一些基本论点。他尖锐地指出，语文教学如果不抓基本训练，就"会有问题"。这是很中肯、实事求是的。但"修订稿"中却仍然没有理直气壮地谈训练，这只有一个解释："修订稿"是各种不同观点互相妥协的产物！

为什么"训练"在语文教学中占有如此举足轻重的地位？这就要追溯到下面一个根本问题了。

二、中小学设置语文课究竟是干什么的？

我一直不赞成给语文课程定"性"，主张用"定向"或"定位"取代之。定向，方向明确，不会有分歧；定位，地位实在，不致有误解。定性则不然，所谓"工具性与人文性的统一"这种看起来很完美的"二元并列"的表述，虽然指出了两者的"统一"，但实际上给人的感觉"工具性"和"人文性"终究是"两个东西"，它们可以统一，也可以不统一。于是几十年来就反复出现了不是此性压倒彼性（"人文性"过去叫政治思想性），便是彼性压倒此性这种此消彼长的"拉锯"现象，始终没有真正"统一"过。当前由于对思想品德教育的强调，加以人文派学者、新锐语文教师们的话语强势，语文教学中"人文性"正在日益膨胀，"工具性"逐渐萎缩，语文课已经荒腔走板，不少语文老师已经忘记语文教学究竟是干什么的了（前面说过，这种倾向在一些展示课上尤其明显）。这正好可以引用一位黎巴嫩诗人的话："我们已经走得太远，以致忘记了当初为何出发。"

近期看到不少专家、老师在语文期刊上发表文章讨论语文教学内容的问题，所谓语文教学内容就是语文课"教什么"的问题。语文课独立设科不下百年，"语文"的课程名称启用至今也已半个多世纪，"课标"也早已制订、实施，"教什么"这个本该由"课标"作出明确回答的问题，居然还会成为一个需要讨论的热点，这不是有点不可思议吗？如今即便是很有经验的语文教师，拿到一篇课文也确实常常不知道教什么好；现在的语文课上学生如果懂一些名词、动词等语法常识，还是从英语课上"迁移"过来的！这种现象，借用吕淑湘先生的一句话：岂非咄咄怪事？

但是，如果我们用常识性思维来看这个问题，其实答案是不难找到的。

纵观世界各国的教育，无论体制有怎样的差异，都必然把对下一代进行民族语教育放在首要的地位。民族语是民族精神、民族文化的最重要的载体，同时也是民族精神、民族文化的重要组成部分（例如我们的汉语既是汉民族文化的载体，汉语本身又是汉民族文化的组成部分，这是基于事实的判断，这样说并没有如某些批评我的老师所说的犯了逻辑错误）；对下一代进行民族语教育，是传承、延续、发扬民族精神、民族文化的必然选择，而这个任务在中小学的各门课程中毫无例外都由语文课承担。换言之，中小学设置语文课程的目的就是为了对下一代进行民族语教育。语文教学，说到底就是民族语教育。

根本的问题在于：我们是通过什么途径对学生进行民族语教育的？

我国传统的语文教育经验（对不起，我又要说传统了，这不是恋旧，而是对我国学者、教师在长期语文教育实践中积累的经验和思想财富的尊重；改革是不应该割断历史、颠覆传统的，尤其是民族语教育的改革），概括地说，主要是凭借对范文（它们是运用民族语的典范）的学习，通过读、写、听、说训练，培养学生正确理解和运用民族语的能力和热爱民族语的感情，并使学生在掌握民族语的过程中受到民族精神、民族文化的熏陶。这是学生学习民族语的必由之路。参照其他国家民族语教育的目标取向和实施途径，也可以得到印证。如美国、英国、法国、俄罗斯、日本等国家的课程标准或教学大纲，也都把民族语教育作为语文课程的中心目标，并把读写听说训练作为达到目标的必要途径。世界各国的语文教学，尽管课程名称各不相同，但中心目标和实施途径是基本一致的。这不是偶然的巧合，而是民族语教育的客观规律使然。

基于以上认识，训练在语文教学中的重要地位也就不言而喻了。正如温儒敏先生所说的，"读写能力（当然还包括听说能力——笔者注）实践性强，要反复训练"，不训练就"会有问题"。以阅读教学为例，教师怎样才能让学生学会"自主阅读"？首先必须为学生创设自主阅读的情境，鼓励并指导学生自己到文本中去摸爬滚打，从而理解文义，品味语言，感悟人生……，经过这样反复的自主阅读训练，学生终于渐渐学会阅读，达到"自能读书，不待老师讲"的"最终目的"，同时，其"理解和运用祖国的语言文字"的能力也必然得到相应的提升，因为学生阅读文本的过程其实就是一个咀嚼、品味、感悟、积累语言的过程。这里说的"语言"，显然已不是抽象的"符号"，而是"言语"成品，即饱含着思想、情感的有生命的活的语言。从本质上说，阅读训练就是以文本为凭借的语言训练；如果没有这样的语言训练，那就等于抽空了阅读教学的内容，语文课和思品课、公民课、历史课等其他人文学科就没有了区别。语文教学缺乏实实在在的语言训练，这正是当前最令人忧虑的一种倾向。如果我们的"课标"继续淡化训练，而以各门学科普遍适用的"启发式、探究式、讨论式、参与式"等等来取代独具语文学科个性的语言训练，无异于抽空语文教学的内容，势必使语文课程蜕变成一个空空洞洞、没有实际内容的"空壳"，跟其他人文学科没有了区别。由于"课标"不言而喻的权威性，这样的导向带来的后果不能不令人担忧。"语文课什么都像，就是不像语文课"已经成为当下十分普遍的现象，难道跟"课标"的导向没有一点关系吗？有人说我"在语文课程改革面前充满怀旧之情，也充满失落感"，这是以其"想当然"来度我之"心"。对被粗暴割断的我国语文教学传统，我的确十分"怀旧"，但并不是个人的"失落感"，而是对我国语文教学的担忧。我之所以一再强调训练的重要，只是聊尽一个老语文人的"心"而已！对我的观点朋友们可以批评指正，但最好不要妄加猜度。

三、"训练"是实现语文教学熏陶感染功能的最佳选择

语文课不同于思品课等其他人文学科的最基本的特点，是它对学生心灵的影响不是直接的、说教式的，而是学生在解读文本的过程中，通过品味语言，理解文义，自然而然地受到熏陶感染，潜移默化；就是说，语文课程的教化功能是间接的、潜在的、润物细无声的，是学生自己在文本的字里行间"读"出来、无需教师刻意"渗透"的（"德育渗透"的提法至少不适用于语文课）。所谓"工具性和人文性统一"（姑且同意这个提法），也只有在这个过程（即阅读训练过程）中才能真正实现。

口说无凭，且看我执教《论雷峰塔的倒掉》的两段实录。

（说明：教读之前学生先在教师的指导下自读课文，在自读中发现问题，然后在教读课上提出来，由全班讨论。以下课例展示的就是学生从提出问题到讨论问题的两个训练片段。）

[例一]

生 1：白蛇娘娘是蛇妖，法海除妖，我认为没有什么不好。

师：好！你敢于和大文豪鲁迅唱对台戏（笑），我钦佩你的勇气。请大家一起发表意见。

生：我不同意他的意见。白蛇娘娘是个好妖怪。（笑）

师：你怎么知道的？

生：文章里说的，白蛇的故事出自《义妖传》，"义妖"当然是好的。

师：有说服力！文章第 2 段里就有这个句子，你注意到了，说明你读书很细心。既然说到了第 2 段，我们就先来看看这一段。你们能不能从这一段里找出根据，证明白蛇娘娘是个好妖怪，是义妖？

（学生默读第 2 段）

生：白蛇嫁给许仙是为了报恩。

师：你说的是对的，但最好不要这样笼统地说。这一段一共写了几件事，要一件一件地说，最后证明白蛇娘娘到底是好还是坏，是值得同情的还是应该被镇压的。如果你能用一些四字词把主要的情节概括地表达出来，简洁明了，那就更好了。你试试看。

生：许仙救蛇……白蛇报恩……法海藏……夫（笑）……白蛇寻夫……水满金山……白蛇中计……造塔镇压。

师：嗯，概括得很好。刚才大家为什么笑？

生：他说法海藏"夫"，人家会误以为是法海的丈夫。（笑）最好改成法海藏"人"。

师："人"又好像太笼统。（学生七嘴八舌：藏"许"）好，就用法海藏"许"。现在大家看看，这样的故事情节说明了什么？不要用一句话回答，最好能作一点分析。

生：白蛇嫁给许仙是为了报答他的救命之恩，结婚以后过着幸福的生活……

师：你怎么知道的？

生：电视里看到的。（笑）可是法海总想破坏，最后终于把白蛇娘娘收到一个钵盂里，压在雷峰塔底下。白蛇娘娘一心要报恩，当然是"义妖"。她有情有义……（笑）

师：说得好！既然白蛇娘娘有"义"，那么法海就是有"义"的反面，是怎么样的人呢？

生：不义之人。

师：你们同情白蛇娘娘，还是法海？

生：（齐）白蛇娘娘！

师：同情法海的请举手。（无人举手，对生1）怎么，你也不举手？你是赞成法海除妖的。（笑）

生1：我只是提个问题请大家讨论，其实我心里也同情白蛇娘娘。（笑）

师：噢，原来如此！你对活跃我们的思维作出了贡献！（笑）的确，凡知道这个故事的人，几乎没有不同情白蛇娘娘的。从课文里看，只有一种人是不同情白蛇娘娘的，不知道你们看到了那句话没有。是谁啊？

生2：脑髓里有点贵恙的人。（师插：能解释一下吗？）就是头脑里有毛病的人。

师：是精神病吗？（笑）

生2：是指有封建思想。作者这样说，是为了嘲笑这种人。

师：我很高兴，刚才大家都表示同情白蛇娘娘，证明全班同学的脑髓都是正常的。（生笑）大家别笑，这种爱憎分明的态度对体会文章的思想感情是很重要的。

［例二］

生：课文第4段"现在，它居然倒了"，我认为应该把"居然"改为"果然"。因为作者是一直希望雷峰塔倒掉的，现在"果然"倒掉，语气好像顺一点。

师：你"居然"敢于为鲁迅改文章，真是勇气过人。（笑）这问题挺"高级"的，请大家发表意见。

生：我同意改为"果然"。"果然"表示塔倒是在意料之中，因为塔是终究要倒的嘛！作者是早就料定它要倒的。"居然"表示出乎意料，用在这里是有些不合适。

师：好啊，又有一位主张为鲁迅改文章的勇敢者！（笑）到底要不要改？鲁迅这里用"居然"，总有他用"居然"的道理，大家是不是也站在鲁迅方面替他想想呢？

生1：我认为用"居然"比"果然"好。

师：好，你为鲁迅辩护，如果先生还在，我想他会高兴的。（笑）不过你要讲出理由来。

生1："塔是终究要倒的"，这是必然的，作者又希望它倒掉，但是塔毕竟是不大会倒的，现在雷峰塔这么快就倒掉了，是出乎意料的，当然要用"居然"。

师：言之成理！我再作一点补充。大家看，紧接着"居然"这一句，下面是什么句子？

生（齐读）："……则普天之下的人民，其欣喜为何如？"

师："居然"表示雷峰塔倒掉这件事出乎意料地发生了，普天下的人民则为之无比欣喜，有一个成语恰好能够表达人民这种出乎意料的欣喜的感情，你能说出这个成语吗？

生1：喜出望外。

师：你真行！我现在宣布：你为鲁迅辩护成功！（笑）现在请大家再把第3、4两段连起来朗读一遍，体会一下"我"从"希望倒掉"直到"居然倒掉"以后那种喜出望外的感情。（学生朗读）

以上两例展示了一个阅读训练的过程：问题是学生在"自读"中提出的，解决问题也主要依靠学生自己的努力，教师在这个过程中的作用是组织、引导、启发，整个过程较好地体现了"学生为主体、教师为主导"的思想；这样的师生互动，自然呈现出一种训练（阅读训练、语言训练）的形态。这次训练中涉及了以下学习内容：1．词义和词的外延、词的感情色彩（"义妖"的"义"、藏"人"还是藏"许"、"贵恙"的词义及讽刺意味）2．词义和语气辨析（"居然"和"果然"）3．文义概括（证明白蛇是义妖的那一段）4．成语运用（"喜出望外"）。更重要的是，学生在这样的语言训练过程中，通过对词语、句子的比较、辨析、品味、感悟，对语言的感觉会逐渐敏锐、丰富起来，这是一种尤为重要的语感训练。

同时，我们也不难发现，这既是学习语言的过程，也是学生和作者进行直接的心灵对话过程；鲁迅先生通过语言所传递出的对不义者的憎恶、对受迫害者的同情，不能不使学生在解读文本的过程中受到强烈的感染。这里有一种互为表里的关系：语言学习是表，思想情感的熏染是里。语文教学正是在这样实实在在的语言训练中实现所谓"工具性和人文性的统一"的。学生在这样的训练过程中学语文，不仅学得生动活泼，而且学得实实在在；所谓"启发式、探究式、讨论式、参与式教学"自然也都包含在其中，"帮助学生学会学习"也就不是一句空洞的口号了。

让训练回归语文教学吧！

让语文教学少一些凌虚蹈空的浮华，多一些脚踏实地的读、写、听、说训练吧！

请给"训练"留个位置

翻遍《普通高级中学语文课程标准》，希望在众多新名词、新概念的缝隙中找到"训练"二字，结果是杳无踪影；再翻看《全日制义务教育语文课程标准》，总算在"教学建议"第四条中看到了这样一句话："语文教学要注重语言的积累、感悟和运用，注重基本技能的训练，给学生打下扎实的语文基础。"通篇仅此一处提到"训练"，而且还是捎带提及的。看来不是"新课标"研制组的专家们刻意回避"训练"，便是"训练"根本没有进入他们的视野。而"新课标"作为规范和指导全国中小学语文教学的国家文件，具有不言而喻的权威性，在它的导向下，训练自然失去了"法定"的地位。不少谈论语文教学的文章，大多以谈"创新"、谈"感悟"、谈"熏陶"、谈"人文"为时尚，而讳言训练，似乎一谈训练，便是"保守"，便是"恋旧"，甚至被指责"又在搞应试教育那一套"。我过去提出过一个"三主"观点（学生为主体，教师为主导，训练为主线），有位教授曾撰文表示肯定，不过他同时也委婉地建议我把"训练为主线"改为"实践为主线"，他也许有其他的理由，但至少反映了"训练"的"名声不佳"这一事实。

对"训练"的这种轻视态度表现在实际语文教学中，便是凌虚蹈空式的语文课越来越多，所谓"双基"（基础知识和基本技能）更是早已置之不顾，在一些展示课上这种倾向尤其明显；日常的语文课由于还有升学考试这道关紧紧"卡"着，才使得老师们不敢太荒腔走板，但却走到了应试"操练"的邪路上，这同样是对"训练"的扭曲。这种轻视训练的偏向如不纠正，对提高语文教学的质量、提高学生的语文素养是十分不利的。

一、训练是师生互动的基本形态

为什么"训练"在语文课程改革的今天会跌落到如此无足轻重、可有可无，甚至是处于被排斥的境地？原因也许很多，但主要原因是人们对"训练"的理解有误。比如有人认为"训练"就是习题演练，完全是应试教育的产物，与素质教育背道而驰；有人即使不排斥训练，但也感到只有在要求学生掌握某些基本技能的时候才需要训练，高层次的能力如"感悟"、"创新"能力是训练不出来的，尤其在"人文性"被抬到了超越一切的高度的当下，"训练"往往被当作"人文"的对立面而受到"谨慎对待"。

其实"训练"根本不是这么回事。

什么是"训练"？从构词的角度看，"训"和"练"各有所指，"训"指教师的指导、辅导，是教师一方的行为；"练"指学生的实践、操作，是学生一方的行为。从教学过程中师生的关系看，学生是学习、发展的主体，这是毫无疑义的；但学生又是不成熟的学习者，还离不开教师必要的指导和帮助，于是形成了教学中教师"导"、学生"学"这样一个师生互动的过程，这个过程，就是"训练"。可见，训练不是什么习题演练，也不是语文课上那种刻板繁琐的字、词、句操练，与"题海"、"应试"更是完全不搭界。语文课只要有师生互动，就必定呈现训练的形态，取消训练，等于取消师生互动，这样的语文课还怎么上？对我们来说，当前的问题不是要不要训练，而是应该好好研究怎样的训练才能更好地提高学生的语文素养，实现课程的目标。

叶圣陶先生说："学生须能读书，须能作文，故特设语文课以训练之。其最终目的为：自能读书，不待老师讲；自能作文，不待老师改。老师之训练必作到此两点，乃为教学之成功。"叶老认为学校之所以设置语文课程，就是为了训练学生使之达到"自能读书"、"自能作文"的最终目的。换言之，学生要学会阅读，学会写作，就要靠实实在在的阅读训练、实实在在的作文训练，舍此别无他途。

不妨就阅读训练再作一些申说。

根据叶老的意见，阅读训练的目的，就是为了帮助学生学会阅读。怎样才算"学会"了阅读？我想应该不仅指学生能够读懂文章，而且要学会从读物中获取丰富的精神养料和有用的信息，学会同文本和文本背后的作者对话，学会读出自己的感受和体会。这一连串"学会"的过程，都不可能是学生自己独力完成的，于是就有了教师的阅读指导，有了教师指导下学生的阅读实践，也就有了以师生互动为特征的阅读训练。平时人们所说的"在阅读中学会阅读"，就是指的这样一个阅读训练过程。此外如"在写作中学会写作"、"在口语交际中学会口语交际"等等，无不都是一个个训练过程。

可见，语文教学过程，实质上就是语文训练过程。训练是语文教学中师生互动赖以进行的"基本形态"，有了这个"基本形态"，语文教学才有血有肉，才会有生命活力；如果语文课抽掉了训练，那么语文教学除了剩下一个"空壳"，还能有些什么呢？

二、"工具性和人文性的统一"只有在训练过程中才能实现

"新课标"指出："工具性和人文性的统一，是语文课程的基本特点。"（笔者不赞成为语文课程定"性"，但这是另一个问题，兹不赘述）"两性统一"明确揭示了语文课程的特点，我揣测，"两性"中把"工具性"置于"人文性"之前，不是一种任意的排序，因为"工具性"毕竟是语文课程的基本属性。但是由于"新课标"本身对如何在教学中落实"工具性和人文性的统一"没有明确的指导性意见，加以语文教学界本已存在的过于张扬人文性的倾向，于是造成了语文教学实践中工具性的失落。说是"两性统一"，实际是人文性"一性独霸"。这种倾向，在阅读教学中表现得尤为明显。常常可以看到这样的"展示课"：教师不是按照阅读的规律实实在在地对学生进行阅读训练，切实提高学生的阅读能力，而是一味深挖和放大课文的人文因素，有时候学生连文章都还没有完全读懂，就匆匆忙忙

地进入了"人文对话"过程，发言此起彼伏，兼以图片展示，音乐欣赏，但热热闹闹一堂课下来，学生朗读课文仍然结结巴巴，好像没有读过一样，问及课文语句，更是茫然不知所答。有时又过于强调所谓"个性化阅读"、"多元解读"，于是有的学生从《背影》中读出了父亲"违反交通规则"，从《孙悟空三打白骨精》中读出了白骨精要与母亲共享"唐僧肉"是"孝心"的表现，对这种随心所欲的"解读"，老师也不纠正，不引导，甚至还给以鼓励和赞扬。其实，在这样的阅读课上，不仅工具性失落了，就是人文性也被架空或扭曲了。

与此相反，语文教师如果树立了"训练"的观念，有着明确的"帮助学生在阅读中学会阅读"的意识，那么，阅读教学必然会出现完全不同的格局：为了让学生"学会阅读"，就要老老实实地遵循阅读的规律，引导学生从文章的语言文字入手，逐步深入文本，进而把握文章的思想人文内容；然后再回过头来思考文章是怎样表现这样的思想内容的，以及为什么要这样表现而不是那样表现。这种让学生的思维在文章中"走几个来回"的过程，是一个由表及里，又由里及表，表里多次反复，理解逐步深化的过程。阅读只有大体经历了一个这样的思维流程，才能正确解读文本。至于"创造性阅读"、"个性化阅读"等等，只有在正确解读以后才有可能进行；如果连文章都没有读懂，便奢谈"创造性"、"个性化"，都不过是不着边际的空谈，只能误人子弟而已。

这种在教师指导下学生的阅读实践，就是阅读训练——立体的、综合的、生动活泼的阅读训练。在这个训练过程中，学生不但获得了有关课文的知识，不但培养了阅读能力，而且悟出了阅读的方法和过程，在情感态度与价值观方面也必然受到范文所蕴含的思想人文因素的熏陶感染，潜移默化。可以这样说，只有在这样的训练过程中，语文课程的工具性和人文性才达到了完美的统一，所谓"三维目标"也才能得到全面的落实。

三、最后说几句也许是多余的话

为什么"新课标"中没有训练的位置？"新课标"研制组组长巢宗祺教授对此解释说，"我们没有过多的强调训练（按：'训练'的位置都没有，何来'强调'？'过多'更无从说起），这是由我们的这个体系决定的"。我不明白，在传统语文教学体系中那样重要的"训练"，为什么在"新体系"中竟连个立足之地都没有？这个"新体系"究竟是个什么"体系"？是"国产"的还是"进口"的？再看看整个语文教学界的状况，也是"西风"劲吹，各种进口的主义、学说"乱纷纷你方唱罢我登场"，几乎把本土的语文教学传统扫荡得片甲不留。有位学者在谈到我国现代学术的时候说过一段发人深省的话，这里不妨借用一下："中国现代学术基本上都是西学输入的产物。西方学术是从西方社会文化中生发出来的，带着深深的西方人的认知模式。鉴于西方学术在自然科学上已经取得无可争议的巨大成就，西方的认知模式几乎是理所当然地被认为是'先进的'或是'正确的'。以这样的理论和方法来研究中国社会和中国文化，使得中国现代学术从一开始就被抛入了重新'格式化'的过程。这一过程在落后的近代中国显得如此紧迫，以至于我们来不及思考其中包含着的偏见、狭隘甚至谬误的东西。当这股浪潮逐渐平静下来之时，我们忽然发现自己一无所有：没有'哲学'，没有'宗教'，没有'科学'，甚至没有了自己的'历史'（不仅黑格尔如是说，很多中国的历史学家也这么说）。每一位执着于本土文化自尊的学者，一定都深深地感受过这种痛苦。"好了，现在连自己的母语教育传统也没有了，真不知道还有什么东西才是我们自己的！

请在语文课程"新体系"中给"训练"留个位置吧，因为它毕竟是我们自己的呀。

语文教学呼唤常识回归

一、语文教学是怎样逐渐远离常识的?

现在各行各业专家泛滥,语文教育界是重灾区之一。

语文教学的有些道理,原本只是并不复杂的常识,可是经过专家们一次次"有深度"的"理论挖掘",终于变得逐渐复杂起来,以致离常识愈来愈远,使人忘记了它平实的本来面貌。比如:

1. 不可捉摸的"语文素养"。

"语文素养"作为一个概念,虽然还没有确切的界定,但根据常识推断,"语文素养"就是一个人在语文方面的素养,还是大体清楚的,但经专家一阐释,反倒变得模糊不清了。在网上看到有位专家这样界定"语文素养":

所谓语文素养其实就是人的一种生活质量。语文素养不是一个心理学概念,而是一个哲学概念,它在语文生活理论的观照下,被升华为一种表达人的语文生活境况的文化范畴。它的核心,是对语文的生活意义的"批判态度"。这种对语文生活意义的"批判态度",是建立在关于语文的生活意义的充分认识的基础之上的。……从这个意义上来说,语文素养,就是语文生活的素养,其核心,就是人的语文生活方式。它标志着人的语文生活的质量。

又如:《普通高中语文课程标准》研制组制订了提高语文素养的17项基本要求,试转引其中10—17项如下:

10. 爱国主义精神、乐于合作和为人民服务的精神。

11. 社会主义思想道德和民主法制意识。

12. 强烈的社会责任感和较强的参与社会实践的能力。

13. 科学精神、科学思想和科学方法。

14. 基本的信息技术和信息处理能力。

15 开放的视野、创新意识和初步的创新能力。

16. 自信进取的人生态度和健康的生活方式。

17. 初步的独立思考和自主选择能力。

语文素养究竟是一种怎样的素养？语文课究竟要从哪些方面提高学生的语文素养？以上的高深理论和"基本要求"，不是让人更清楚，而是让人更"摸不着头脑"了。

2. 扑朔迷离的"定性"难题。

语文课程的"定性"问题长期以来争论不休，1960年代提出了个"工具性"，近年来出现了不少质疑的意见，于是一下子涌出了许多试图取而代之的"性"，诸如"实践性"、"社会性"、"时代性"、"模糊性"、"言语性"、"语言性"、"文学性"、"审美性"、"人文性"，等等，大多"公说公有理，婆说婆有理"，被语文老师戏称为"性骚扰"。但据专家们说，不给语文课程定性，就无法确定语文课程的目的任务，因此定性是个绕不过去的难题。这个"定性难题"，最后由教育部制订的语文"新课标"作出权威性结论"工具性与人文性的统一，是语文课程的基本特点"后，才算得到了解决。

但事实上，这个权威的"定性"是值得怀疑的。第一，"工具性与人文性的统一"的特点并非语文课程所独有，数学、外语、历史、地理等等，哪一门课程不具有"两性统一"的特点？（请上网搜索"数学教育的人文性"，便可知"人文性"并非语文课程所独有）既然"两性统一"是各门课程的共性，那么把它作为对语文课程的"定性"，在科学性上就站不住脚。第二，在"两性"关系的表述上，尽管强调"统一"，但"工具性"和"人文性"似乎总是两个可以分别呈现的东西，两者可以统一，也可以不统一，这种两性对举或两性分立的思维模式，反映到教学实践上，于是出现了"工具性"与"人文性"互相抗衡、此消彼长的现象；语文教学中总是反复出现"不是此性压倒彼性，便是彼性压倒此性"的轮回，恐怕决不是偶然的。在当前，由于起始于 1980 年代后期对语文教学的大批判，不少论者把应试模式下语文教学人文精神的失落不分青红皂白地归罪于"工具性"，以致语文教学已经出现了读写听说训练逐渐淡化、人文内容过度膨胀的倾向。

3. 大量引进西方理论。

中国的语文教育姓"中"还是姓"西"？这应该不是个问题。中国的语文教育，教的是我们的汉民族语，理所当然姓"中"。但不少研究者似乎忘记了民族语教育这一事实，偏偏摒弃了我国传统语文教育中积累的大量宝贵经验，而是试图从西方理论中寻找中国语文教育的模式和出路。具体表现就是大量引进国外的各种思想、学说。这也使语文教育变得更加扑朔迷离起来。记得 1980 年代有研究者把所谓"三论"（系统论、控制论、信息论）引入语文教学，着实热闹了一阵子，随后不久就偃旗息鼓了。现在是更加热闹了，随着国门大开，各种新思潮纷纷涌入，后现代主义、建构主义、阐释学、接受美学、主体间性、非指导性教学理论，等等，都被一些研究者奉为圭臬，纷纷引进。正是这类引进国外理论的文章，把本已十分复杂的语文教学更是抛到了云里雾里，越来越让人看不清其本来面目了。比如在某语文刊物上读到了下面这段宏论：

> 教学是一个动态的过程，在这个过程中师生始终是平等的，不存在谁指导谁的问题，教师并不一定比学生高明。教师是单脑，学生是群脑。教师不过是学生读的一本书，……而学生也是教师要读的一本书。

不错，师生是平等的，古人早就说过"弟子不必不如师，师不必贤于弟子"，老师也要向学生学习，但这决不等于师生无差别，更不能由此导出教学过程中"不存在谁指导谁的问题"这个结论呀！凭我的有限的常识，实在想象不出没有教师指导的教学是怎样进行的。

以上种种事实，都使语文教学变得越来越复杂。正如一位外国诗人说的，"我们已经走得太远，以致忘记了当初为何出发"。于是，我们不得不回到常识，回到当初出发的原点，追问一下：中小学究竟为什么要设置语文课？说得更直白一点，语文教学究竟是干啥的？

二、语文教学究竟是干啥的？

如果我们把视野扩大到世界范围，就不难发现，任何国家都在中小学开设语文课程，而且都把语文作为一门重点课程；对这门课程虽然各国有不同的命名，但实质都一样，即对下一代进行本民族语言的教育。如：

美国　语文课程的内容包括阅读和英语两科。阅读主要是通过各种类型的作品（主要是文学作品）的学习培养学生的阅读能力；英语主要是学习拼写、语法、篇章、修辞、标点等语言知识和听说写作等技能。两门学科有着明显的互补关系。

法国　一直重视母语教育。法国小学语文教学，提出要流利地阅读并能正确地理解，能掌握简单的拼写规则，懂得并使用最基本的语法规则，学会正确的口头语言与书面语言。初中的法语课程，强调口头表达与书面表达，强调阅读中的分析理解。高中语文教育要求学生能够准确而自如地运用法语，并使学生受到古典文学与现代文学的教育。

日本　1970年代，受美国"回到基础"以强化语言教育的影响，在《改善的基本方针》中对中小学国语教学提出明确要求："教育内容在精选基本事项的同时，应该进一步明确语言教育的立场，以求表达能力的提高。"新大纲将语文的结构分为"语言事项"和"表达及理解"两个领域。前者是讲授语言规律和法则，后者是培养读写听说的语文交际能力。

拿我国来说，新中国成立前小学语文叫"国语"，中学语文叫"国文"，新中国成立后中小学一律改称语文，但实质都一样，都是对学生进行汉民族语的教育。2011年修订的《全日制义务教育语文课程标准》也明确指出："语文课程应激发和培育学生热爱祖国语文的思想感情，引导学生丰富语言的积累，培养语感，发展思维，初步掌握学习语文的基本方法，养成良好的学习习惯，具有适应实际生活需要的识字写字能力、阅读能力、写作能力、口语交际能力，正确地理解和运用祖国语言文字。"

各国对语文课程内容的确定和表述尽管各不相同，但语文课程作为一门对下一代进行民族语教育的基础课程的定位是完全一致的。这就回到了一个常识性的判断：语文课程的基本任务就是使学生学会正确理解和运用祖国的语言文字。

如果我们这样定位语文教育的基本任务，那么我们就有理由排除那些使语文课程越变越复杂的"附加值"，使语文教育变得尽可能简单一些，明了一些，面目可亲一些。比如说：

1. "语文素养"就是"语文的素养"。凡与语文无关的素养就不应进入"语文素养"的范畴，比如思想品德修养、爱国主义等（这不等于取消语文课的思想品德教育和爱国主义教育）。

2. 对语文课程"定性"是多此一举。事实上除中国以外的其他国家的语文课程都没有"定性"的麻烦，但他们不仅照样确定了语文课程的目的任务，而且不大容易发生两个"性"互相抗衡、此消彼长的现象。

3. 既然是民族语教育，首先就应该尊重本民族在长期的母语教育实践中积累的宝贵经验，尤其要重视叶圣陶、夏丏尊、吕叔湘等老一辈语文教育家留给我们的宝贵遗产，不要总认为只有外国的东西才是"科学"。

必须研究的一个问题是：学生在语文课上是通过什么途径学习祖国的语言文字的？

我们在语文课内指导学生学会阅读一篇篇选作课文的文质兼美的范文，因为范文是运用祖国语言文字的典范，它们为学生学习祖国语文提供了最直观的样板。学生正是通过阅读这些范文，学习规范的民族语言、积累语料、培养语感、提高正确理解和运用祖国语言文字的能力的。因此，语文教育的基本任务无非就是通过范文的教学和读写听说训练，培养学生正确理解和运用祖国语言文字的能力，简言之，语文教育就是通过读写听说训练对学生进行民族语教育。

有人会质问：把语文教育的基本任务局限在民族语教育，是不是把语文教育的内容简单化、狭窄化了？这其实是多余的顾虑。学生在语文课上，面对的语言不是一堆没有任何意义的抽象的符号，而是承载着丰富的人文信息的"言语成品"——一篇篇文质兼美的范文。学生在教师的指导下如果真正学会了阅读，就不仅可以学到规范的民族语言，而且必能从文本语言所蕴含的丰富的思想、人文信息中汲取丰富的精神养料，从而全面提升学生的语文素养和思想品德修养（这事实上就是所谓的"工具性与人文性的统一"）。

请看下面我执教《驿路梨花》的一段教学实录：

师：我们看看"梨花"在这篇文章里包含哪些意思？文章开头说的"梨花"是指什么？中间出现的"梨花"是指什么？课文最后说的"梨花"又指什么？

生：开头写的梨花，是指自然界的一种花。

师：你看到过梨花吗？什么颜色的？

生：看到过，是白色的

师：白色的梨花，给我们一种怎样的感觉？

生：洁白。

师：对，洁白、纯净、美丽……（有同学打断老师的话，举手表示有话补充）噢，你说。

生：洁白无瑕。

师：好，洁白无瑕！同学们掌握的词汇很丰富。那么中间的"梨花"是指的什么呢？

生：是指哈尼族的小姑娘。

师：对，是指老猎人介绍的那位哈尼族小姑娘梨花。最后"驿路梨花处处开"，这个"梨花"是指什么？

生：象征雷锋精神。

师：理解得很好。（亲切地）坐下，坐下。那么为什么说"处处开"呢？从文章里找根据。

生：因为解放军造这小茅屋是为了照顾过路的人。后来解放军走了，梨花姑娘就来照料这小茅屋。她出嫁以后，她妹妹继续照看。还有过路的瑶族老人，"我"和老余都学习雷锋，为小茅屋做了不少加草修葺的好事，所以说驿路梨花是"处处开"的。

师：对，说明大家都在学习梨花，学习解放军，学习雷锋精神。那么这句话也可以说成"雷锋精神大发扬"，是吗？

生：是可以的。

师：那我们就把课文最后一句"驿路梨花处处开"改成"雷锋精神大发扬"，好不好？为什么？

生：当然是书上的这一句好。"驿路梨花处处开"比"雷锋精神大发扬"这句话意思更深。

师：为什么更"深"呢？讲讲道理看。

生：这两句话看来意思差不多，但"驿路梨花处处开"富有诗意，可以让读文章的人进一步去想。

师：嗯，有道理，因为深，我们就去思考了。请说下去！

生：这篇文章题目是"驿路梨花"，以花喻人，以人比花，用"驿路梨花处处开"富有诗意，比直说"雷锋精神大发扬"更好。

师：(赞赏地) 很好，很好！你说的中间有四个字，我非常欣赏，你再说一遍给大家听听。

生：以花喻人。

师：你看，讲得多好啊，"以花喻人"(板书)，我们看到了花，就想到了梨花姑娘，就如看到了眼前怎样的梨花啊？

生：(齐) 洁白无瑕的梨花。

师：梨花美不美啊？

生：(齐) 美！

师：梨花姑娘呢？

生：(齐) 更美！

师：更美！你们比我想得好！我想的是"也美"，你们想的是"更美"，你们比老师强！(众笑) 梨花姑娘更美，是她长得漂亮吗？

生：不是。

师：那是什么呢？

生：（齐）心灵美！

学生对"驿路梨花"在课文中含义的讨论，事实上已不仅是对一句诗的含义的理解，而且自然而然会涉及对课文内容的完整理解以及对"梨花"这位哈尼族小姑娘"洁白无瑕"的美丽心灵的感知。这既是语言的学习，也是思想情感与价值观的熏陶感染。我想，只要语文教育真正着眼于语言的学习，那么那种游离于文本语言之外、架空文本进行的所谓"人文教育"和喋喋不休的烦琐分析、空洞说教，就失去了立足之地。所谓"工具性与人文性的统一"，也只有在以语言学习为目标的教学过程中才有可能真正实现。同时，由于认定了民族语教育这个目标，也就可以简化教学头绪，彻底摆脱多少年来强加给语文教育的种种"额外"负担，有利于语文教育轻装前进。

语言教育的核心是培养语感。

叶圣陶说："文字语言的训练，我认为最要紧的是训练语感，就是对语言的敏锐的感觉。"

语感，是不经由逻辑路径直接、迅捷地感悟语言的能力，是语文能力的核心。语感的养成，要靠不断的语言实践和读写经验的积累。语感敏锐的人，一接触语言文字，就能立即产生丰富的直感和联想，并能捕捉到言外之意、弦外之音。培养语感的基本途径仍然是阅读训练。阅读训练中对范文的诵读，对范文语言的涵泳、揣摩、品味，是学生获得语感的必由之路。

再看一段教学实录：

师：昨天请同学们自读《少年中国说》，这堂课我想先听听大家对这篇文章的总的印象。请随意说，有什么印象就说什么。

生1：这篇文章虽然是文言文，但是我觉得并不难懂。虽然有些句子不完全理解，但我感觉到作者的感情很强烈。

生2：文章写得热情奔放，用了很多排比句，读起来很有劲。

生3：作者对中国的前途充满了信心，字里行间有一种自豪感，读了使人振奋。

师：你们能不能具体说说，哪些句子读起来有劲，哪些句子使人振奋？

生4：第二段写老年人和少年人的不同性格，一句写老年，一句写少年，很有意思。

师：什么叫"很有意思"？

生4：……一句句对比，……很新鲜……

生5：这一段里还用了大量的排比句，读的时候感觉很有气势。

生6：我觉得结尾处一些句子读起来顺口，而且有鼓舞人心的力量。不过，里面有些句子我还不大懂。

师：既然不大懂，怎么还会受到鼓舞？

生6：……好像有一点感觉……有些句子我翻译不出来。

师：哦，这叫作"跟着感觉走"（笑）。你所谓的"不懂"，大概是指不会翻译，是吗？（生点头）其实，你感受到了作者的热情，这就是一种理解，不过这种理解靠的不是理性的分析，而是直接的感受，这就是我们常说的"语感"，它有时候比理性的分析更重要。读文言文，我倒宁可要你们对文章有一种准确、生动的感觉，而不要为了翻译而忽略这种直接的感受。要知道，有些文言句是很难用现代语对译的，这篇文章最后的一些句子，就很难翻译得不走样，因为它是韵文，跟一般的散文句子不一样。你既然已经从这些句子感觉到了一种鼓舞人心的力量，说明你已经大体上读"懂"了，也说明你有很好的语感。

学生的语感就是在对范文反复的诵读、涵泳、品味中逐步形成的，这里至关重要的是教师的正确引导。

结　语

　　我从 1952 年开始在中学教语文，现在虽已退休，但我仍然把自己看成一名基层学校的语文教师。长期在基层学校工作的经历，固然使我积累了一定的教学经验，但也局限了我的视野，加以我对某些故弄玄虚的高深理论的天生的排斥感，因此我所理解的语文教育往往局限于浅显的常识范围。比如"语文素养"这个概念，根据我所知的语法常识，它是一个偏正短语，中心词是"素养"，"语文"是"素养"的修饰、限制成分，意在表明这个"素养"仅仅是"语文方面"的素养，其他如思想品德、爱国主义等等，虽然也关乎素养，但不属于语文的范畴，因此不应包含在"语文素养"的范围之内，也不能从这些方面去提高学生的语文素养。常识告诉我，一个品德高尚、热爱祖国的人很可能语文素养很差；反之，一个语文素养很高的人，也不一定品德高尚、热爱祖国。假如有位专家以此指斥我：难道语文教育能不管学生的思想品德和爱国主义吗？对这样的指斥我是不予回应的，因为这个指斥本身犯了"偷换论题"的常识性错误。

　　当然，常识有时候也会骗人，但在绝大多数情况下常识是不能违背的，比如行人要走人行道，过马路要走斑马线，开车要靠右行驶，不能闯红灯，不要醉驾等等，一旦违背这些常识，小则害己，大则害人。常识是什么？是人们在经历了无数次成功和失败的经验积淀以后获得的理性知识，它具有天然的公理性。读者诸君如果读了拙文后觉得我的某些话有些"出格"，跟很多专家所说的不一样，那就证明常识在当下已经成为一种十分稀缺的物资。语文教育为什么会变得愈来愈复杂，恐怕也与常识稀缺有关。因此，我想，把某些已被丢弃的常识捡回来，用它们重新审视一下当下愈走愈远的语文教育，应该不算多此一举吧。

草根式研究：基层教师的成才之道

—— 以我的语文教学研究为例

　　基层教师长年累月默默耕耘于基层学校，他们在用考试、分数不断给学生加压的同时，也让自己背上了越来越沉重的考试、分数的压力。他们起早睡晚，孜孜矻矻，工作不可谓不努力，不勤苦，但基层教师中真能破茧而出，成为影响一个地区乃至全国的名师者，毕竟只是少数。近年来各地都在启动"名师工程"，这对教师的成长、成才起了积极的推动作用，但一名教师能否成为真正的名师，仅靠"工程"是打造不出来的。我观察过不少名师的成才之路，发现他们尽管个人条件千差万别，有一点却惊人地一致：他们在起步之初也不过是一名普通的基层教师，但他们大多不满足于按部就班地完成教学工作，而对教学研究怀有浓厚的兴趣；正是坚持不懈的教学研究，使他们超越了基层教师有限的理论视野，逐渐悟得教育教学的真谛，进而形成自己富于个性的教育理念、教学风格，终于在他们影响所及的范围内享有知名度，成为名师。可以这样说，凡从基层教师起步的名师，几乎毫不例外地钟情于教学研究。

　　基层学校的教师由于日常工作繁忙、资料有限等各种条件的限制，最便于采取的研究方式，大多是草根式的，即所谓"草根式研究"。这里用"草根"这个词，绝无贬低之意。

　　什么是"草根"？

　　上网搜索，在 iciba 词典中得到以下答案："草根，始于 19 世纪美国，彼时美国正浸于淘金狂潮，当时盛传，山脉土壤表层草根生长茂盛的地方，下面就蕴藏着黄金。后来'草根'一说引入社会学领域，就被赋予了'基层民众'的内涵。"

　　如果这条释文所言不谬，那么肯定是蕴藏于地层深处的黄金所释放的某种元素滋养了地表的草根，才使它们长得格外茁壮而茂盛。这条释文不能不引起我关于草根式研究的诸多联想。

草根式研究是一种立足于本土和基层，扎根于实践的丰厚土壤，具有鲜明的实践品格和平民化、大众化特点的研究方式。草根式研究永不衰竭的生命活力，正源于它跟教学实践的血脉相连，而基层教师拥有最丰富的实践资源——它像黄金一样宝贵啊！因此草根式研究是基层教师最便于采用、其研究成果也最便于转化为教学成果的一种研究方式。与草根式研究相对应的是"精英式研究"，这是一种在学院或书斋里凭思辨或引进西方理论进行演绎、推理的贵族化、小众化的研究方式。很难对两种研究方式作出简单的价值判断，两者也许都是必需的，而且应该可以互补。但我倒更乐意引用波兰教育家奥根的一句话："教学论不是凭思辨，而是凭先进教师经验的理论概括以及观察和实验，来揭示一系列规律的。"奥根说的是教学论，也可以用来作为对草根式研究的评价。

过去有个提法叫"岗位成才"，草根式研究正是基层教师走向岗位成才的必经之路。

我是一名普通语文教师，从 1952 年走上讲台，一辈子都没有脱离过基层学校的语文教学。回顾此生，尽管对语文教学没有什么建树，也谈不上"成才"，但我确实为语文教学焦虑过、思考过、探索过，也进行过较长时期的研究——当然是草根式的。正是这种草根式的研究帮助我走出了个人经验的封闭和局限，使我能够站到一个比较高的立足点上观察、思考语文教学，终于弄明白了一个本来并不复杂但现在却越变越复杂的问题：中小学究竟为什么要教语文？——这使我在面对各种各样进口的、国产的高深理论的时候，始终没有在理论的迷雾中丢失自己。

本文将结合我研究语文教学的过程，谈谈草根式研究的一般思路和方法。

一、体悟

1952 年，一个偶然的机会，我这个仅有初中学历的 21 岁"小青年"阴差阳错地成了一名中学语文教师。那时的我不过是个初中生，不知教学法为何物，要我教初中语文，无异于赶鸭子上架。但我却信心满满地站上了讲台（正好印证了一句话："无知者无畏"）。一个学期教下来，竟出乎意料地受到了学生的欢迎，也得到了学校领导的好评。1954 年开始担任学校语文教研组长；1956 年学校扩大规模，增设高中部，首招两个高一班，我被提升为全校唯一的高中语文教师；同年我又被评为嘉定县优秀教师，写出了生平第一篇"教学论文"——《语文教学必须打破常规》，并被指定在全县优秀教师大会上宣讲，会后还获得了晋升两级工资的殊荣。这一年，县教育局举办教师暑期进修班，我受聘为语文学科主讲教师，给许多比我年长的老师讲课……总之，仅仅四年时间，我用教学实绩改变了自己作为一名学历不合格的新手教师的地位。

我"快速成长"的奥秘是什么？从中又能体悟到什么呢？

原来，我虽然仅有初中学历，但我的"国文程度"（犹如现在说的"语文素养"）事实上已远远超过了一个初中学生。表现在三个方面：1. 我酷爱读书。买书、藏书、读书，成了我课余生活的主要内容。当时我寄宿在上海市区一所中学，每星期日都不回家，唯一的去处便是书店——"泡"在书店里读书、淘书，乐此不疲。不间断地读书，充实了我的头脑，丰富了我的精神生活，也拓宽了我的文化视野。2. 喜爱写作，并有很强的发表欲。我从初中一年级开始就学会按平仄写旧体诗词，后来又兼及其他文体，初中二年级时"自费"创办了一份名为"爝火"的壁报，定期出刊，发表自己的"作品"。写作、办壁报耗费了我大部分课外时间，那一年竟因严重偏科而留了级，但写作能力却明显提高了。3. 大量的读写使我养成了爱揣摩文章的习惯，并把它移植到课内的国文学习上——在老师开讲新课之前，我总要提前一天把文章好好吃透，到听课时就把自己的理解和老师的讲解对照、比较，细细揣摩老师解读文章的思路和方法。这种自学的习惯使我受益良多：既激发了读书的兴趣，又提高了独立思考和自主阅读的能力，对知识的记忆也格外牢固。因此每次国文考试，我即使不怎么复习，成绩也稳居全班第一；至于我的阅读广度和实际读写能力，更是遥遥领先于我的同班同学。

这一段读书自学的经历，就是我能够信心满满地走上中学讲台的一点"底气"。当时我的推理很简单：读书、自学既然能使我学好国文，那么，如果我能够鼓励我的学生像我当年自学国文那样自学语文，不也就行了吗？正是对自己国文学习过程的体悟，给了我跨进语文教学门槛的信心。

因此，我教语文一开始就没有像当时一般语文老师那样走"串讲"课文的老路，而是重在向学生介绍自己读文章的思路和方法。比如，我自己读一篇文章，总要经历一个"由表及里，又由里返表，表里多次反复，理解逐步深化"的过程；在准确解读文章以后，还要进一步追问自己：作者为什么要写这篇文章？我从这篇文章中获得了哪些教益？我同意作者的思想吗？作者的思想能在我的经验中得到印证吗？我欣赏作者的情感吗？等等。我上语文课，就着重引导学生按一定的思维"流程"阅读课文，鼓励学生自己"钻"进文章里去"摸爬滚打"，然后通过师生交谈（用当下流行的说法叫"对话"），帮助学生逐步领悟阅读的步骤、方法，尤其注意激发学生自学的兴趣和信心。此外，还鼓励学生尽可能向课外阅读延伸（时常刻印一些课外阅读资料给学生）。但那时根本没有教学研究的意识，那篇《语文教学必须打破常规》的所谓"教学论文"，不过是那个时期教学实践的一个简单总结。想不到的是，不为常规所围地教语文，竟成了我一辈子的追求。

我开始"像模像样"地研究语文教学，是在"文革"后的1978—1979年之间。在确定研究课题的时候，自然而然从个人的成长历程和1950年代的教学实践中进一步寻求体悟，于是水到渠成地提出了我的研究课题——"语文教学必须着眼于激发学生读书的兴趣，培养学生自主阅读的意识、能力和习惯"。我这里说的"自主阅读"，是一种真正意义上的"读书"——坐下来，静下心，拿起笔，摊开书，慢慢品读，细细咀嚼，钩玄提要，圈点评注……这是一种完全个人化、"原生态"的阅读，跟现今语文教学中常见的那种热热闹闹、学生的思维完全被老师的提问牵着鼻子走的所谓"阅读"，是大异其趣的。

二、假设

假设就是以已有的事实或原理为依据而对未知的事实或规律提出的一种假说。假设是一切科学研究的起点，草根式研究也不例外。

根据研究课题，根据我对自己成长历程的回顾，我提出了这样的假设：语文教学如果能激发学生的求知欲与自信心，使学生学会阅读，从阅读中发展语言能力和思维能力，从而提高学习力，那么这种教学不仅有利于学生的现时发展，也必将对学生的后续发展和终身发展产生重大的影响。

我希望通过研究，证实"自主阅读"与"学生发展"之间的因果联系。

三、验证

胡适说过一句曾经广受批判的话，即"大胆的假设，小心的求证"，其实胡适说的正是科学研究的一种常态。任何科学研究大多起步于"假设"，归结于"求证"。所谓"求证"，就是对假设进行验证的过程；假设时提出的假想性命题，只有经过了客观事实或实践的验证，才能成为真实的命题，才能证明原先假设的真实性和科学性。草根式研究的课题和假设都来自于实践，当然也必须回到实践中去接受检验。这正体现了草根式研究的一个最重要的特点：从实践中来，到实践中去。它不像某些象牙塔里的教育研究，只要有够多的引文或在学理、逻辑上站住脚就行，至于实际教学中是不是行得通，研究者是不管的。这种理论与实践完全"不搭界"的状况，在草根式研究中是绝对不可能发生的。

我是怎样验证上述假设的？

　　20世纪70年代末我执教两个初中班级的语文，这是两个平行班，基本条件相当，正好便于让这两个班级轮流担任实验班和对照班，进行两种不同教法的对照试验：实验班以学生自学、交流、讨论为主，适当辅以教师指导；对照班则完全由教师讲授，学生的工作只是听取和记住。每次对比试验以后，我参照艾宾浩斯关于遗忘曲线的实验，都要搁置一段较长的时间，搁置期间不再让两班学生接触共同学过的课文（最长的一次搁置一个多学期），然后以"突然袭击"的方式对两班学生就学过的同一篇课文用同一套试题进行测试。发人深思的是，每次测试的结果往往都是实验班的成绩优于对照班。1984年我总结这个实验，写成《主体·主导·主线——一次教学实验的启示》一文发表于《光明日报》，后被《新华文摘》1984年第4期全文转载。

　　经过三年反复实验验证，以及我对自己成长过程的反思与总结，我原先假设的"自主阅读"与"学生发展"之间的因果联系初步得到了证实：学生自主阅读能力的提高，良好阅读习惯的养成，必然会对学生的发展（现时的、长远的乃至终身的）产生积极的影响；这种积极影响远比人们想象的要大得多——靠自学"起家"的我对这一点尤有深切的体会。

　　其后，我的假设又不断从其他旁证材料中获得支持。如：联合国教科文组织在上世纪70年代发表的重要教育文献《学会生存——教育世界的今天和明天》有如下的论述："未来的学校必须把教育的对象变成自我教育的主体"；"受教育者将依靠自己征服知识而获得教育"；"自学，尤其是在帮助下的自学，在任何教育体系中，都具有无可替代的价值"。又如，叶圣陶先生一辈子研究语文教学，也一再强调教会学生读书自学的重要性，他的有些名言早已广为传播，成为语文教育界的共识，如"教是为了最终达到不需要教"；"语文教师能引导学生俾善于读书，则其功至伟"，等等。令人倍受鼓舞的是，我的体悟和假设正好与这些经典的言论不谋而合，这使我对自己的草根式研究满怀信心。

四、提炼

提炼是对已经得到验证的假设进行分析、概括，使之上升为规律性的认识。提炼的结果往往被凝缩为一个或若干个理论术语。草根式研究只有经过提炼，才能突破经验的局限，使之上升为理论，才能具有指导实践的普遍意义。

我的提炼先后从两个层面上进行：实践层面和理论层面。

实践层面——研究课题既然来自我的语文教学实践，提炼时首先从语文教学实践的角度着眼，可以说是一个必然的选择。1979 年前后，我提出了语文课的"基本式"——自读式、教读式、复读式（最早提出四式，后归并为三式），把教师指导下学生自主阅读的过程用基本的"式"固定下来。所谓"自读式"，就是语文课上让学生静下心来读书；"自读"不是课前"预习"，而是一种以培养学生自主意识、自读能力和习惯为目的的阅读训练方式。"教读式"的"教读"，顾名思义，就是"教学生读"，即教会学生按一定的思维流程阅读课文，从而逐步摆脱对教师的依赖，最后达到"自能读书"之目的。"复读式"则是指导学生回顾、总结整个阅读过程的一种教学方式。三个"基本式"中，自读式是核心，教读式和复读式都是为学生的自读服务的外部条件。

理论层面——实践层面向理论层面的提升，可以使实践层面的"三式"在操作时具有更清醒的理论自觉。1981—1982 年前后，我在"三式"的基础上提出了"学生为主体，教师为主导，训练为主线"的"三主"理念，这是我的教学实践上升到理论层面的一次飞跃。

"学生为主体"就是确认学生在教学过程中是学习的主体、认识的主体、发展的主体。就是说，教师在进入教学过程之前，首先要确认学生的主体地位，即确认学生是具有独立人格、主观能动性和自我发展潜能的活生生的人。确认这一点非常重要，因为它是教学的根本出发点，也是基本立足点。

"教师为主导"则是对教师在教学过程中的地位、作用的描述和限制。"主导"的要义在于"导","导"者，因势利导也，就是要求教师只能根据学生的发展水平、顺着学生个性发展之"势"，指导之、引导之、辅助之、启发之，使学生能"自奋其力，自致其知"（叶圣陶语），而不是填鸭灌输、越俎代庖，也不是把讲台作为教师展示个人才艺的舞台；教师的魅力全在于灵活而有效的"导"，导之有方，学生才能学得有章有法，真正成为名副其实的主体。

　　"训练为主线"是教学过程中师生互动的基本形态。"训练"不是习题演练，也不是语文教学中常见的那种刻板、烦琐的字、词、句操练。什么是"训练"？从构词的角度看，"训"指教师的指导，"练"指学生的实践。只要我们在教学过程中确认学生的"主体"地位和教师的"主导"作用，则必然呈现为"训练"这一师生互动的基本形态。学生要学会阅读，要发展语言能力和思维能力，要通过阅读提高语文素养，就离不开实实在在的阅读训练，离不开实实在在的语言和思维训练。

　　"三主"是对教学中师生互动过程的一种动态显示，不是三个并列命题的静态排列。"三主"的内在逻辑可以这样表述："学生为主体"是教学的根本出发点，着眼于学生的"会学"；"教师为主导"是保证学生真正实现其主体地位的必要条件，着眼于教师的"善导"；学生的"会学"和教师的"善导"又必然归宿于一个综合的、立体的、生动活泼的训练过程。"三主"的表述顺序是不能任意颠倒的，就因为"三主"是一个动态的"过程"，而不是一种静态的"排列"。

　　实践层面与理论层面的统一——经过实践与理论两个层面的提炼，最后形成以"三主"为理论导向、"三式"为教学模式的语文导读法整体构思。语文导读法的成型，意味着我的草根式研究初步画上了一个句号。1989年，朱智贤先生主编、北京师范大学出版社出版的《心理学大词典》把"语文导读法"列为词条，并作了以下介绍："语文导读法（*method of orally reading Chinese under guidance*）　中国中学语文特级教师钱梦龙探索、总结的一种颇有成效的语文教学法，一种引导学生真正学得主动、在学习过程中积极思考、从而锻炼自读能力的新型教学法。它既不同于以注入知识为主的教学法，又与以谈话提问为主的教学法异其旨趣。培养学生自读能力和习惯，是一个长期训练、逐步提高的过程，钱梦龙吸取国外流行的 SQ3R 阅读法的精神，结合中国语文教学的经验，设计出一套切合学生实际的自读步骤，把学生感知、理解教材的过程用一定的规格大体固定下来，对学生进行严而有'格'的训练，使学生在阅读过程中能'思有其序、读有其法'，充分掌握学习的主动权……"一门具体学科的教学法进入《心理学大词典》，国内大概仅此一例，这意味着心理学界对语文导读法所设计的阅读训练过程的认可。

五、应用

草根式教学研究的价值，必须体现为对教学实践的积极影响，这就需要教师把研究成果放到实际教学中去应用、操作。应用、操作的过程，同时也是对研究课题作进一步验证、修正、充实的过程，从而使之具有更普遍的理论、实践价值和更强的可操作性。

语文导读法提出以后，尤其是作为其理论基础的"三主"理念，不断受到来自教育界不同理念的质疑、批评，这些质疑、批评促使我更冷静地审察语文导读法的是非得失。这种审察同样离不开实践（应用），因为只有实践才是检验真理的唯一标准。

下面就应用过程中的几个主要问题谈一点粗浅的体会。

1. 语文导读法有利于为语文课程"减负"。

语文课程自上世纪 50 年代初设置以来，由于众所周知的原因，一直背负着沉重的"思想教育"包袱，似乎学生以后能不能成为"革命事业接班人"，全要靠语文课程来承担。给语文课程的思想性无限加码，必然导致语文课程自身目标的迷失。这一"思想教育"的阴魂直至现在仍然在语文教学上空盘旋，不肯散去，曾在网上看到高中语文课程标准研制组编写的《关于高中语文课程标准的说明》，其中关于提高学生语文素养的"基本要求"，林林总总罗列了 17 条，这里引用其中的 10—17 条：

> 爱国主义精神、乐于合作和为人民服务的精神。
>
> 社会主义思想道德和民主法制意识。
>
> 强烈的社会责任感和较强的参与社会实践的能力。
>
> 科学精神、科学思想和科学方法。
>
> 基本的信息技术和信息处理能力。
>
> 开放的视野、创新意识和初步的创新能力。
>
> 自信进取的人生态度和健康的生活方式。
>
> 初步的独立思考和自主选择能力。

这哪里是在提高学生的语文素养，简直是在造就"完人"！语文教师若按照这些"基本要求"去教语文，恐怕累死了仍然吃力不讨好。

所谓"减负"，就是把所有强加给语文教学的种种"不合理负担"减下来，让语文课真正回归到语文课自身；而语文导读法就有助实现语文教学的"回归"。

运用语文导读法，主要着眼于对学生进行阅读训练，即帮助学生"学会阅读"。这样定位语文课的目标，语文教学就会变得很单纯，就能轻装前进。什么叫"学会阅读"？就是学生能够自己读文章，能够自己从阅读中获取知识、积累语料、习得语感、发展语言和思维能力，同时受到文章所蕴含的思想情感的薰陶感染。这样的阅读训练，其效益必然是综合的、立体的，所谓"工具性和人文性的统一"，所谓语文教学目标的"三个维度"，也只有在这样的训练过程中才得以完美实现。

下面是我执教鲁迅《故乡》教学实录中的一个片段，它展示了一个"综合、立体"的阅读训练过程：

> 生：为什么想到希望，又害怕起来了呢？
>
> 生："希望本无所谓有，无所谓无的"这是什么意思？
>
> 师：是啊，这些问题有相当难度，我倒要看看大家解决问题的能力有

多强。先看为什么会害怕起来。

生：群众不觉悟，受毒害深，要创造新生活就很难。

生："我"害怕下一代又隔膜起来。

师：那么希望能不能实现？

生：不能。

师：对了，要实现希望很难。我再补充一下，作者所希望的究竟是什么？

生：是改造旧社会、创造新社会的强烈愿望。

师：课文是这样告诉我们的吗？

生：课文里说"他们应该有新的生活，为我们所未经生活过的"。

师：那是什么样的生活？

生：幸福的生活。

师：作者有没有具体告诉我们是怎样的幸福生活？

生：（齐）没有。

师：对，他只是否定了三种生活。哪三种呢？

生："我"的辛苦展转的生活，闰土的辛苦麻木的生活，别人的辛苦恣睢的生活。

师：辛苦恣睢的生活是指谁的？

生：（齐）杨二嫂。

师：对，当时鲁迅还不知道新生活是什么样的，鲁迅的思想是有一个发展的过程的。当时他的希望是什么呢？

生：茫远的。

师：对了，是渺茫的、遥远的希望。这就是"我"想到希望要害怕的原因。下面有一句非常难懂的话："现在我所谓希望，不也是我自己手制的偶像吗？"这话怎么理解？我先这样问：闰土为什么崇拜偶像？

生：他相信宿命论，以为神佛会给他幸福。

师：是啊，这是把希望寄托在偶像身上。而"我"的希望明确吗？

生：不明确。

师：对了，也不过是用希望来安慰一下自己罢了。所以，这个希望和闰土的是相似的，只是这个偶像是自己手制的罢了。当然，鲁迅是个伟大的思想家，闰土所希望的是自己生活得好，而鲁迅所希望的是下一代的生活都过得好，而且他坚信大家都起来了，新生活就一定能实现，他是不会停留在这朦胧的希望上的。这在课文上什么地方可以看到？

生："这正如地上的路；其实地上本没有路，走的人多了，也便成了路。"

师：你找得真对！这就表明鲁迅怎样的思想感情？

生：人多力量大。

师：说得很好。这就是说，路要靠——

生：（齐）人走出来。

师：一个人走得出吗？

生：（齐）走不出。

师：书上怎么说？

生："走的人多了，也便成了路。"

师：也就是说，幸福的生活要靠——

生：（齐）大家来创造。

师：鲁迅坚信幸福的生活是大家创造出来的。课文最后这句话很有号召力量，是富于哲理的警句。表明了作者要唤起人民都来创造新生活。看，这是一个难点，我们也攻克了。

在这个过程中，问题是学生提出的，解决问题也靠学生自己对文本的正确解读，教师只是在关键处作一点必要的指点，没有刻意"渗透"什么思想人文因素，但随着学生对文本理解的深入和对文本语言的感悟，文章字里行间隐含的作者对幸福生活的憧憬以及"幸福生活要靠大家共同创造"的思想，自然潜移默化地融进了学生的心灵。可见语文导读课的思想人文因素，不是教师刻意"渗透进去"的，而是学生自己从文本的字里行间"读出来"的。总之，语文课对学生进行怎样的思想教育、人文教育，是由语文课本所选的文章决定的，教师只要帮助学生"读好"这些课文，让课文作者直接与学生对话，这恐怕比教师的刻意渗透更有感染力，也能够更好地体现语文课程潜移默化的功能。我很反感"德育渗透"这类提法，原因就在于它完全违反了语文教育的基本规律。

2. 教师"主导"问题。

在后现代主义思潮汹涌而来的当下，教育界一些受过后现代思潮洗礼的论者声言"后现代的到来敲响了教授时代的丧钟"，他们自然对我"三主"理念中的"教师为主导"持否定意见；有些论者生吞活剥地移植罗杰斯"非指导性教学"思想，对教师主导作用的否定更加彻底。我在一份语文教学刊物上读到过一篇题为《教学模式的是与非》的文章，里面就有这样一段宏论：

> 教学是一个动态的过程，在这个过程中师生始终是平等的，不存在谁指导谁的问题，教师并不一定比学生高明。……教师不过是学生读的一本书，……而学生也是教师要读的一本书。

这段似是而非的言论的要害是取消教师作为学生学习指导者的地位，其核心理念是"师生无差别论"。师生当然是平等的，"弟子不必不如师，师不必贤于弟子"，一千多年前的韩愈早就这样说过，但这并不等于师与弟子的无差别。因为教师和学生毕竟是两种不同的角色，两者在教学过程中的地位理所当然是"平等而不相等"的，即：师生在人格上平等，但专业能力上并不相等。即便是倡导后现代主义的威廉姆·多尔，也认为"教师是平等中的首席"。既然教师是"首席"，就跟"非首席"的学生有了差别（不相等）。我们这位论者的见解比后现代走得更远。事实上，无论时代怎样变迁，教育理念怎样翻新，只要有学校存在，有教育存在，"闻道在先"、"术业有专攻"的教师作为学生学习的组织者、指导者的地位就具有"天生的合理性"。没有教师组织、指导的学校教育是不可想象的。

学生为主体，作为一个理念，已被普遍接受，但不少老师往往忽略了一点，即学生的主体地位随时可因教师不适当的举措而被剥夺，也可因教师恰当的引导而得到强化。因此，关键不在于理念上是否承认"学生为主体，教师为主导"，而在于如何在实践中处理好两者的互动、互补关系。根据我的实践，为了保证和凸显学生的主体地位，教师的主导作用非但不能取消，而且必须加强。所谓"恰当的导"，主要应体现在以下几方面：

1. 唤醒激励：唤醒学生沉睡的求知欲，激发学生的自主意识和自学兴趣；

2. 组织教学：为学生创造静心读书的环境，使学生在教师指导下学会真正地阅读；

3. 授以方法：教给学生读书自学的方法，使学生入门有途径，深造有目标；

4. 启发引导：因势利导，循循善诱，鼓励学生不断向知识的广度和深度进行探索；

5. 铺设阶梯：使每一个学生在步步向上的过程中不断受到成就感的鼓舞。

记得当年反对"主体—主导论"最有影响的一种观点是"双主体论"，即认为教学过程中教师和学生都是主体。这种观点得到了不少专家的支持。后来又知道西方有一种叫"主体间性"的哲学思想，这种哲学思想认为"自我主体"与"对象主体"之间是一种交互主体的关系，把这种思想移用到师生关系上，即认为教师与学生之间就是两个主体间的交互关系。于是，"双主体论"的倡导者因为得到了西方理论的支持而更加理直气壮。然而国务院 2011 年审查通过的《国家中长期教育改革和发展规划纲要(2010—2020 年)》却采用了"以学生为主体，以教师为主导"这样的表述。据我揣测，《纲要》之所以采用这种表述，大概就因为"主体—主导论"比"双主体论"更准确、平实地表明了教学过程中教师与学生的不同地位及其相互关系。

任何一种教育理念，无论贴上什么"主义"的标签，无论它是进口还是国产，无论多么前卫或多么后现代，都必须到实践中去检验其合理性和可行性。语文导读法正是在应用、实践的过程中增强其理论自信的。

六、结语

我的语文导读法成型于 1980 年代初，但它的"滥觞期"可以一直追溯到 1952 年我初为人师的时候。起步时"语文教学必须打破常规"的这一定向，后来竟成了我毕生研究的"课题"，直到 1980 年代初形成语文导读法的整体构想，这一段路程总共走了 28 年。这 28 年中，我经历了人生最严重的挫折：1957 年（那年我 26 岁）因言获罪，被贬到农村劳动改造三年零六个月，其后虽能重上讲台，但名登"另册"，仍然享受着特殊的"待遇"，1980 年初我出乎意料地被评为上海市首批特级教师的时候，头上还戴着一顶"摘帽右派"的"帽子"。在这漫长的 28 年中，尽管我身处逆境，"文革"十年，更是沦为"牛鬼蛇神"，处境之狼狈可想而知。但只要允许我走上讲台，我就没有停止过"打破常规"的教学尝试。

我坚持的毅力来自哪里？就来自坚持自身！一个人为自己的理想、信念而坚持，其实是一件虽苦犹乐的事。在连年不断的阶级斗争的风雨中，语文教学事实上成了我的一方小小的"精神自留地"，在这方小小的园地里，我可以按照自己的意愿，耕耘、播种、灌溉，直至收获……我苦在其中，也乐在其中。

今天，老师们不会再像我当年那样在令人窒息的高压气候下寻找"精神自留地"了，却又不得不无奈地面对另一种高压——分数和考试的沉重压力。怎样冲破这种压力，坚持素质教育的理念，就是一个值得研究的大课题；大课题下，又可以分列出各种各样的小课题。每一个或大或小的课题都将是一方值得精心耕耘的或大或小的"园地"。我希望我们每一位老师都能够找到自己感兴趣的课题，成为一位研究型教师，并在研究中成长、成才、成为名师。这不仅需要投入智慧，而且需要付出毅力，但收获的必定是——快乐。

我这样上语文课

一、课程意识助我定向

在进入教学过程之前，我一般总要问一问自己：我教的是一门什么课？为什么要教这门课？怎样教这门课？这样教对促进学生的发展有什么意义？等等。后来渐渐养成习惯，"课前自问"变成了一种自觉的意识，这大概就是所谓的课程意识。这种课程意识，看似很"虚"，其实它关系到整个教学活动的走向，决定着教学的成败。走向不明，必然迷茫；走向错了，一切努力都是无用功。常听到已有多年教学经验的语文教师感慨：语文越教越不会教了！为什么会有此反常现象？究其原因，多半是因为缺少一点课程意识。

《国家中长期教育改革和发展规划纲要（2010—2020）年》指出：中小学教育要"提高学生综合素质，使学生成为德智体美全面发展的社会主义建设者和接班人。"在中小学，这个总目标是由语、数、英、理、化、生、音、体、美等各门具体的课程分别承担和达成的，每一门课程都只能从各自专业的角度分担总目标中一个适合自己学科特点的具体目标，任何一门学科都不可能总揽一切，包打天下。比如广受人们关注的思想、人文教育，各门学科都应该从自己学科的特点出发加以实施；语文课程由于其丰富的人文内涵，比其他学科有其天然的优势，但语文学科只能从"语文"的角度寻求思想、人文教育的具体途径，绝不能把思想、人文教育作为语文学科自身的目标。语文课就是语文课，它不是政治课或思品课；失掉了"语文"这个基本立足点，就不是语文课了。

语文，作为一门具体的课程，它自身的目标是什么？简言之，就是对学生进行本民族语的教育；具体些说，就是通过读、写、听、说的训练，培养学生正确理解和运用祖国语言文字的能力。或问：把语文课程的目标定位在民族语教育，是不是把语文课程的"教育功能"狭隘化了？是不是意味着语文课程可以放弃思想、人文教育？

答曰：否！语文课不仅要进行思想、人文教育，而且必须比别的学科进行得更好、更有效；但必须强调的是：语文课只能通过"语文的"方式而不是说教、注入以及所谓"德育渗透"这类外加的方式对学生进行思想、人文教育。

所谓"语文的"方式，就是学习语言（言语）的方式，也就是学生运用本民族语进行读、写、听、说实践活动的方式。以阅读为例，它是学生学习民族语的必由之路。在阅读过程中，学生通过对范文语言的诵读、品味、赏析，生成语感，积累语料，学习民族语丰富的表现力；在此同时，必然也受到范文语言所蕴含的思想、情感、情操的熏陶感染。因为学生学习的文本，不是抽象的语言符号的堆积，而是典范的、具有丰富的思想感情和人文内涵的言语成品。因此，正是对民族语的学习，充分体现了语文课程熏陶感染、潜移默化、润物无声的教育功能。有位教育家说过："本族语是对学生进行普通教育的基础。本族语本身包含着使学生得到全面发展的最大可能性。"正好可以借来印证我的观点。

人们普遍认为，教育最理想的境界是"润物细无声"。用"语文的"方式来教语文，不但没有削弱语文课的教育功能，恰恰相反，它使这种教育功能得到了更完美的呈现。

我教语文几十年，几十年来目睹形形色色的语文教学新理论、新思想纷纷登台亮相，但我始终坚守一个立场：我教的是语文，它是一门帮助学生学习祖国语言文字的课程，因此，我的所有教学活动都应该有助于学生正确、熟练地理解和运用祖国的语言文字。这是我认定的语文教学之"根"。凡有可能动摇这个"根"的理论、学说，无论进口的还是国产的，无论其立论如何高深莫测，无论其包装如何精致华丽，我都不予理会。这样，我便有了一股"咬定青山不放松"的"定力"。

语文教学既然本质上就是语言（言语）教育，那么我上课时最关心的问题是：学生是通过怎样的途径进入文本的？是通过浮光掠影的阅读、一知半解的猜测，还是通过对文本中词语、句子的理解、咀嚼和品味？

试以我指导学生读苏轼的七绝《惠崇〈春江晚景〉》的一段课堂实录说明之：

师：这首诗是题画诗。同学们先读一读，看这首诗写的是什么时间，是早春，盛春，还是晚春？

（学生读诗，有的默读，有的音读，读后又小声议论。）

生：写的是早春。

师：从哪里知道的？

生：从"春江水暖鸭先知"中的"暖"字知道。

师：为什么"暖"字能说明是早春？能不能讲得更清楚一点？

生：春天到了，水温回升。

师：噢，春天到了，水温回升了，是吧！还有补充的吗？

生：还有"竹外桃花三两枝"中的"三两枝"，说明花还没盛开。

师：说得很对。"三两枝"不是盛开。还有吗？

生：还有"蒌蒿满地芦芽短"，"芦芽短"，这里是说芦芽刚刚冒出来一点，还没有十分茂盛。

师：大家同意吗？

生：（齐）同意！

师：这首诗其中的一句特别有名，你们猜是哪一句？

生："春江水暖鸭先知"。

师：噢，你们是怎样猜得这样准的？为什么说这一句特别有名？

（学生们议论纷纷）

生：这句诗写得很形象。

师：为什么说它写得很形象？

生："鸭先知"用了拟人化的写法。春天来了，冰雪融化了，水温回升了，人们还没有察觉——

　　师：好！"察觉"这个词用得好！

　　生：(继续)人们还没有察觉水温的回升，却看见鸭子在河里嬉戏游闹。

　　师：看到鸭子在嬉戏游闹，这样就可以想象到鸭子知道什么啦？

　　生：水温回升了。

　　师：他有两个词用得很好，一个是"察觉"，一个是——

　　生：(齐)嬉戏游闹。

　　师：对，嬉戏游闹。看到鸭子在欢快地游动，就推想到鸭子已经感觉到了水温的回升。这里表现了诗人的观察力、想象力，这句诗里面有一个字是这句诗的诗眼，你们能找得出来吗？

　　生：(齐)先。

　　师：对，就是这个字！同学们真是很会读诗的。

　　在这个阅读过程中，学生正是通过"春江水暖鸭先知"、"三两枝"、"芦芽短"这些具体的词语、句子进入诗人所描绘的"早春"的意境的，因此学生对早春的感受也是具象的、生动的。

　　学生的思维一旦被激活，课堂上发生议论、争辩是常有的事，尤其是争辩，学生头脑一热，往往"忘记"了文本，变成一种漫无约束的思维"跑野马"。在这样的时候，我总是坚持要求学生从理解文本语言的角度解决争辩中产生的问题，把学生思维的"野马"拉回到文本所限定的具体语境中来。下面是我执教鲁迅《故乡》的一段教学实录：

　　生：闰土为什么要把碗碟埋在灰堆里？

　　师：闰土把碗碟埋在灰堆里，这是谁说的？

　　生：(齐)杨二嫂！

　　师：那么，究竟是不是闰土埋的呢？

　　生：不是的。

　　师：为什么？说话要有根据。

　　生：杨二嫂挖出埋在灰堆里的碗碟后，就自以为很有功劳，拿走了

"我"家的狗气杀，这就是杨二嫂说谎的目的。

生：可能是"我"埋的，以便暗暗地让闰土得到许多碗碟。

师：哦，原来是这样啊！（众笑）

生：如果说是闰土埋的，杨二嫂怎么会知道呢？

师：这里有个问题，闰土会偷拿东西吗？

生：（齐）不会！

师：为什么？

生：102页倒数第6行："母亲对我说，凡是不必搬走的东西，尽可以送他，可以听他自己去拣择"。这样，闰土尽可以明着拿，根本用不着偷拿。

师：有道理！有说服力！我们解决问题，都应该到书中去找根据。那么，谁埋的呢？

生：（齐）杨二嫂！

师：为什么？要以文为证。

生：不知道是谁埋的。

师：对，就是不知道。这个是"历史的悬案"。但有一点是可以肯定的，杨二嫂以这个为理由拿走了狗气杀。这样写是为了说明什么呢？

生：杨二嫂贪小便宜。

师：这个问题大家解决得很好，我特别高兴。我曾经看到杂志上也议论过这个问题，结论是闰土决不会偷埋的，理由呢，跟我们这位同学所说的完全一样。这位同学如果写了文章，也可以在杂志上发表了嘛！（大笑）

学生在讨论"碗碟究竟是谁偷埋的"这个"悬案"时，很可能会变成漫无边际、毫无根据的胡猜乱测，因此我一再要求学生"说话要有根据"，要"以文为证"，让学生从课文中寻找推测的依据，这就把学生"脱缰"的思维拉到了对文本语言的解读上，最后求得了圆满的答案。

上语文课只要认定了民族语教育这个方向，实实在在地引导学生在阅读中理解、咀嚼、品味文本的语言，进而实实在在地教会学生读书，那么，不少老师"越教越不会教"的感慨肯定会变成"越教越会教"的成就感了。

二、教学理念助我得法

教学行为总是受教学理念的支配，因此，我在进入具体的教学活动之前总还要问一问自己：我的教学理念是什么？它是先进的、富于生命力的，还是落后的、陈腐的？这种自问，久之成习，同样也变成了一种自觉的意识。

我在1980年代初提出的"三主"：学生为主体，教师为主导，训练为主线，一直是指导我的教学实践的教学理念，它支配着我上的每一堂课。"三主"的内在逻辑我曾经这样表述："学生为主体"是教学的根本立足点和出发点，着眼于学生的"会学"；"教师为主导"则是把教师的作用定位于"导"（引导、指导、辅导），着眼于教师的"善导"；而学生的"会学"和教师的"善导"在教学过程中的互动，必然呈现为一个"训练"过程："训"，就是教师的引导、指导；"练"，就是学生的实践、操作；"训练"是教学过程中师生互动的基本形态。教学过程除非没有师生互动，否则必定是一个训练过程。

这些年来，应试式的"操练"愈演愈烈，对正常的学校教育造成了严重干扰和冲击，以致人们迁怒于"训练"，莫名其妙地在"训练"和应试式"操练"之间画上了等号。于是，在一片反对应试教育的声浪中把"训练"也连同脏水一起泼掉了。结果是，应试教育依然如故，正常的训练却蒙受了"不白之冤"！连教育部委托专家研制的《语文课程标准》也误解、贬低了训练的地位和作用。

其实，教育本身就是训练。学生健全人格的塑造，良好品德和习惯的养成，知识的获得，能力的培养，智力的开发，等等，哪一项离得开训练？语文学科的实践性强，学生要学会阅读、学会作文、学会听说，并通过读、写、听、说的实践提高语文素养，更不能须臾离开训练。排斥训练，无异于抽空语文教学的内容，使语文课程蜕变成一个徒有其表的"空壳"，跟思品课、政治课、历史课等其他人文学科没有了区别，结果必然是严重降低语文教学的质量。

事实上，忽视语文训练的不良后果现在已经很明显了。学生不爱读书，不会读书，有的学生甚至完全不读书，已成为很普遍的现象，如果允许这种现象继续存在下去，其负面的影响恐怕不仅仅是学生语文素养的降低而已！

这里谈两点：1. 怎样训练？ 2. 训练什么？

所谓"怎样训练"，实质上是一个怎样处理好教学过程中师生互动关系的问题。老师在进入教学过程之前，首先必须真心实意地确认学生的"主体"地位，真正把学习的自主权还给学生，尊重每个学生独特的学习体验，而不是越俎代庖，把教师自己认知的结果强加给学生；其次，必须真正把自己的作用定位在"导"，也就是只能因势利导，导而弗牵，使教师的"导"成为强化学生主体地位的必要条件，而不是削弱或取代学生的主体地位。这样的师生互动，必定是生动活泼的有效的"训练"。

根据我的"学生为主体"理念，我十分重视教师"教读"之前学生的"自读"。"自读"不是"预习"，而是一种以培养自读能力为目标的阅读训练方式。我一般要求学生在自读中借助工具书（《现代汉语词典》《古汉语常用字字典》等，现在还可以用网络查询）和课文注释，按照阅读文章"由表及里"的思维流程进入文本，揣摩作者思路，理解文章主旨，品味文章语言，以及质疑问难，等等。就是说，老师在教读之前，学生对文本已经有了初步的解读，老师的"教读"是在学生自读的基础上进行，通过师生交流、生生交流，使学生的自读体会浅者深之，误者正之，疑者解之，进而领悟读书之法。教一篇课文的目的不是"教懂文章"，而是"教会阅读"。

例如，我教《论雷峰塔的倒掉》，先让学生自读文本，在自读中发现问题，然后在教读课上提出来，由全班一起讨论解决，整个教学过程就是一个由学生提出问题、讨论问题、解决问题的过程，学生始终处于学习的主体地位。教师在这个过程中的作用是：组织讨论过程，使讨论有序进行；

引导讨论方向，避免旁逸斜出，影响讨论效果；在学生发生疑难或认知有错误时，随机点拨，使学生茅塞顿开，获得新的认知。请看下面这个教学片段：

生：从本文的标题（指《论雷锋塔的倒掉》）看，是议论文，但跟过去学过的议论文不同，本文写得有些杂乱，究竟是什么文体？

师：他说鲁迅的文章有些杂乱，你们说呢？

生：（议论纷纷）杂乱。不杂乱。

师：请起来说。

生：是写得有些乱。先说雷峰塔倒掉，后来却东拉西扯，还写到吃螃蟹，让人理不出线索来。

师：（对另一名学生）我刚才好像听到你说"不杂乱"，也能起来讲讲吗？

生1：我…我想鲁迅写文章是不会乱来的。（笑）

师：当然，鲁迅如果乱写的话，那就不是鲁迅，而是一名中学生了（笑）不能把这个作为理由，要用文章本身来说明。

生1：文章写的都是雷峰塔倒掉的事。（师插：能说得具体些吗？）写《白蛇传》的故事，写吃螃蟹这些事，都和雷峰塔倒掉的问题有关。

师：两位同学的意见都正确。这篇文章看起来是有些"杂"，但是"杂"而不"乱"。这种文体就叫"杂文"（板书）。杂文里常常要发表议论，但是跟议论文不同。关于这种文体的特点，到我们读了文章以后，再一起讨论。刚才他（指生1）虽然话说得不太漂亮，但道理是对的。本文的标题是"论雷峰塔的倒掉"，这就提示我们，塔的"倒掉"是贯穿全文的一条线索。现在我们就来理一理这条线索。这件事并不难做，只要把文章里有关"倒掉"的句子找出来就行了。例如第1段主要写了什么？

生：听说杭州西湖上的雷峰塔倒掉了。（师插：能不能简化到最少的字数？）听说……倒掉。

师：好，就用"听说倒掉"。大家就以此为例，一路找下去，最后就可以把线索理出来。

（学生看书，找线索，教师边听边写，最后完成板书：听说倒掉——希望倒掉——仍然希望倒掉——居然倒掉——终究要倒掉）

师：你们看，作者就按这条线索，有时叙述，有时议论，一路写下去。如果说这像是在画"龙"的话，那么在哪里"点睛"？

生：最后点睛。（师插：为什么说"睛"在最后？）因为"终究要倒掉"是文章的中心所在。

师：你们看，把文章的线索理一下，就可以看出作者的思路一步不乱。这可以说是杂文的一个特点：杂而不乱。……

这个教例展示了一个训练的过程，在这个过程中，问题是学生提出的，解决问题也主要依靠学生的努力，但教师在学生讨论问题过程中穿针引线、随机点拨的作用也清晰可见。这里解决的似乎只是作者的思路问题，学生实际上学到了关于"什么是杂文"以及"怎样读杂文"的有关知识和方法。在我的心目中，语文课就是教读课。"教读"，就是教学生读书并使之达到"不需要教"的最终目的。

设计问题，是教师的一项基本功。问题设计得好，能激活学生的思维，或引起认知冲突，从而提高学习兴趣。例如，我在学生自读课文《食物从何处来》后，为了测试学生是否掌握"食物"的定义——"食物是一种能够构成躯体和供应能量的物质"，我提出了一个问题：今天早上我吃了两片面包、一个鸡蛋、一杯开水、一个苹果，是不是都是食物？（其中开水不是食物，因为水虽然能参与躯体的组成，但不能供应能量），这比直接问学生"什么是食物"，或要求学生背诵食物的定义，更能引起学生思考的兴趣。我尤其注意避免那些"教学圈套式"的"伪问题"。在某些展示课上常常可以看到老师的提问不是为了启发学生思考，而只是为了从学生嘴里"掏"出一个预期的答案，这个答案其实早已编入了课前制成的 PPT 课件之中，这种所谓的提问只是一个诱使学生"入我彀中"的"圈套"而已。

我更重视指导学生自己发现问题、提出问题，我的很多课都是建立在学生提问的基础上的。朱熹认为"读书无疑者，须教有疑，有疑者却要无疑，到这里方是长进"。鼓励学生质疑、提问，就是让学生经历这样一个"无疑——有疑——无疑"的读书"长进"的过程。经常进行这样训练，学生提问的水平就会逐渐提高，而学生提问水平的提高事实上意味着阅读能力的提高。例如，我教鲁迅的《论雷峰塔的倒掉》和《故乡》，布置"自读"的唯一要求就是发现问题、提出问题。如学生自读《论雷峰塔的倒掉》后提出了不少的问题，试举几例：

　　例1　"听说，杭州西湖上的雷峰塔倒掉了，听说而已，我没有亲见。"这句用了两个"听说"，显得罗嗦，"没有亲见"和"听说"的意思也是重复的，作者为什么要这样写？
　　例2　"雷峰夕照"是西湖十景之一，是西湖胜迹中的一个名目。"胜迹"就是风景优美的古迹，但作者却说它"并不见佳"。"雷峰夕照"究竟美不美？
　　例3　课文第四段"现在，它居然倒了"，我认为应该把"居然"改为"果然"。因为作者是一直希望雷峰塔倒掉的，现在"果然"倒掉，语气好像顺一点。

　　从这些问题看，学生已经学会了"咬文嚼字"，能够从文本的语言表达发现"矛盾"，提出问题，这标志着阅读能力的提高，经常这样训练，其意义是不言而喻的。

三、长期践行助我生慧

　　我从1952年正式成为语文教师，仅有初中学历的我根本不懂语文教学，但终于从自身学习语文的经验中悟出了语文教学必须着眼于培养学生的自学能力这个"诀窍"。因此我的教学从一开始就比较注意鼓励学生自主学习。随着教学经验的逐渐积累，最后形成了"三主"（学生为主体，教师为主导，训练为主线）教学理念。"三主"的核心是"学生为主体"，即确认学生是主体，是学习、求知的主动者；既然学生是学习、求知的主动者，那么教学过程中的"学情"就必然会随着学生思维活动的展开而千变万化，逼使我不得不经常面对不断变化着的学情。这种学情变化是无法预料的，这对教师的教学智慧确实是严峻的挑战。长期以来，这样的挑战不断出现，我这个资质平平的人，居然也渐渐变得聪明了一些，虽然说不上有了什么"教学智慧"，但至少在千变万化的学情面前不至于手足无措。

例如，我教鲁迅的《故乡》时，有学生提出了一个问题"鱼怎么会有青蛙似的两只脚呢？"这显然是一个"横炮"式的问题，这种问题谁也没法解答，对解读文本也没有任何价值；但学生既然提出来了，怎样才能既保护学生提问的积极性，又不致使讨论游离到文本以外？于是有了这样的对话：

生：鱼怎么会有青蛙似的两只脚呢？

师：是啊，鱼怎么会有两只脚呢？

师：有！

师：什么鱼啊？

生：娃娃鱼。（笑）

师：啊，见多识广！我想跳鱼也有两只脚，你们看到过没有？

生：（齐）没有。

师：这说明什么问题？书上怎么说？

生：这说明闰土见多识广。

生：闰土的心里有无穷无尽的稀奇的事。

这个本来毫意义的问题，稍稍一"引"，既保护了提问的学生，又加深了对见多识广的少年闰土形象的感知，可谓"一石二鸟"。

再如，有一次上课有一位同学读"教参"回答问题，当我走到这位同学面前时，他慌忙合拢"教参"，紧张地抬起头看着我，等待着我的阻止或批评（按照惯例，语文老师是绝对不允许学生看教参的，个中原因，大家都懂）。但我却说了这样一番话："这位同学学习语文能主动找一些参考书来看，这种自学的精神值得大家学习。不过现在我想请他暂时不要把参考书上的语句读出来，让大家先回答，然后请这位同学当'裁判'，把同学们的答案和参考书上的答案比较一下，作出评判。"我看到这位同学听了我的话后笑眯眯地坐下，等待着行使"裁判"的"权力"。

同学们的讨论很热烈，对问题的答案取得了圆满的共识。于是我请这位同学发表"裁判意见"，他说："参考书上说的，同学们也都说到了，而同学们说的有些意见，参考书上还没有呢！"最后我让全班同学总结这场讨论的收获，很多同学都说要向这位同学学习，主动找一些参考书看，但看之前最好自己先好好想一想，不要用参考书代替自己的思考，也许我们自己思考的结果比参考书上的结论更好。

就这样，一场本来只有消极作用的"参考书风波"，变成了具有积极意义的自学指导。

有的老师认为教学机智是某些教师生来就有的"秉赋"，靠的是天生的聪明。其实教学机智也是实践的产物。

首先，教学理念出智慧。如果老师在教学过程中真正确认并尊重学生的主体地位，就必然会想方设法使自己的一切教学行为有助于激发学生的主体意识，教学智慧往往由此而生成。比如，当学生提出了没有思考价值的幼稚问题，我当时想：如果轻易否定学生的问题，告诫他"以后不要提这种幼稚的问题！"肯定会打击这位提问的学生思考、质疑的积极性，并可能对其他学生造成一种心理暗示：不要随便提问。这对学生的主体意识无疑是一种有意无意的压抑和伤害。在这样的情势下，我不得不"急中生智"，采取一种巧妙引导的手法，既保护了这位提问的学生，又加深了对少年闰土形象的认识。

其次，长期践行生智慧。我们不妨从反面设想，如果老师长期习惯于主宰学生，控制课堂，提问也只是为了诱使学生入我彀中，这样的教学实践如果长期不变，积久成习，必然导致教师随机应变的能力下降，"教学智慧"从何而来？

哈姆雷特不是张三李四

钱老师，平时听同行们谈起语文教学，几乎众口一词："如今的语文课越来越不会上了。"我也深有同感。首先，一篇课文究竟怎样解读才算到位？心里没底。看看报刊上的文章，什么"不预设教学"、"多元解读"、"一千个读者就有一千个哈姆雷特"等等，各种新理念层出不穷。作者们所说的当然都很在理，但要是学生读了一篇课文，公说公有理，婆说婆有理，没有个大体一致的认识，会不会乱了套？其次，教师在课堂上究竟应该扮演怎样的角色？怎样在和学生的互动中尽到教师的责任？而根据如今某些流行的观点，似乎教师的指导已不是那么必要，我就看到有的文章说教师和学生之间不存在谁指导谁的问题。这些问题令我十分困惑，相信也同样困惑着像我一样的众多第一线教师。希望钱老师指点迷津。

说是"指点迷津"，实在不敢当。我也只是一名普通教师，退休之前和你一样天天要面对自己的学生，我知道，他们不但希望能够学得轻松些、快乐些，也期盼我能够帮助他们顺利地通过考试，过好"升学关"。这样的现实处境，使我在教学中不得不像你一样考虑许多实际的问题，不能如某些专家的文章所写的那样洒脱，那样天马行空，因此，那些困扰着你的问题同样也使我感到十分困惑。

一篇课文怎样解读才算到位？在以应试为目的的教育模式下，"标准答案"一统天下，这个问题根本不是什么问题：一篇课文让学生读什么、读到什么程度，教师只要根据教参的提示把有关课文的知识或答案"转述"给学生，学生只需记住这些知识或答案能够对付考试就行了。所谓"阅读教学"，其实只是教参的作者在阅读，学生只是被动地接受别人阅读的结果，教师的全部工作也只是当好教参作者和学生之间的"中间人"而已。有人把我们教师讥之为"二道贩子"，这词用得有点损，却道出了教师在教学过程中尴尬的地位和作用。

这种没有学生阅读的"阅读教学"，是对学生个性和独立思考能力的扼杀。其结果不仅使学生越学越傻，老师也在年复一年的"贩运劳动"中把自己变傻了：不少语文教师缺乏独立钻研和处理教材的能力，一旦离开教参，便寸步难行。每天在教学生阅读的语文教师自己却不会阅读，不善阅读，这事听起来有点匪夷所思，却是不可否认的事实。1997年那场由语文教育的"圈外人"发动的关于语文教学的大讨论，许多激烈的言词就大多集中在对这种现状的批判上。尽管我们对其中某些过激的观点持保留态度，但不能不承认，语文教学中存在的这种"教得太死"、"学得太傻"、严重扼制学生个性发展的弊端，确实已经阻碍了语文教学的发展。

近年来，不少"新生代"语文教师正在把接受美学引入阅读教学，我认为是一种有益的尝试。接受美学重视阅读主体对阅读客体（文本）的再创造，在"作家——作品——读者"这一"三角链"中，读者并不是被动的因素，而是与作者一起共同创造着作品。在接受美学的话语系统中，"文本"与"作品"是两个不同的概念："文本"只有经过读者的阅读，或者说与读者结合之后，才算变成了"作品"。而由于不同读者的价值观念、个性心理、审美趣味、文化素养、认识水平各不相同，因此他们对文本的理解和阐释也呈现出多样性和丰富性。"一千个读者就有一千个哈姆雷特"就是接受美学的经典名言。

相对于过去那种严重扼杀学生个性和创造力的"阅读教学"，接受美学不失为对症的良药，因此正在得到越来越多的语文教师的认同和响应。

但问题是：接受美学的研究对象是一般读者阅读文学作品的审美过程，而阅读教学则是学生在教师指导下的一种有目标的学习行为，两者之间固然有不少共同点，但能不能就此画上等号？教学过程中的学生能不能等同于一般读者？一千个读者可以从一个哈姆雷特读出成千上百个哈姆雷特，但如果一个班级的学生从一篇课文中也读出了千差万别的结论，我们要不要全部肯定？按照某些研究者的意见，凡学生的"发现"都是可贵的，当然都应该予以肯定。有一次我在浙江某师范大学讲到有的学生读朱自清的《背影》什么也没发现，就"发现"了"父亲违反交通规则"，有位教授当即指教我说：学生能够发现"父亲违反交通规则"，也应该鼓励嘛！后来他还为此写了一篇批判我的文章，用了一个令人心惊肉跳的标题：《僵尸之躯，何以招魂》（因为我曾写过一篇《为语文教学招"魂"》的文章）。我不知道这位教授有没有当过中学教师，我相信大多数中学教师都不会鼓励学生这样肤浅地去"解读"课文的。

其实，阅读的自由度与阐释的可能范围一直也是接受美学关注的课题。不同的语境和读者势必带来千差万别的意义阐释，这种状况可能给文本带来丰富的内涵，但同时也可能导致阐释混乱不堪。因此，接受美学的代表人物伊瑟尔在肯定作品意义不确定性的同时，也在寻找意义相对的"确定性"。在他看来，文本中的"空白"虽然指向文本中未曾实写出来的部分，但文本已经实写出来的部分却为读者提供了"重要的暗示或提示"。他把这个能给予读者暗示或提示、召唤读者参与创造的部分叫做"召唤结构"。一方面，文本的空白召唤、激发读者进行想象和填充；另一方面，"召唤结构"又暗示乃至决定着解读的自由度和意义阐释的可能范围。

可见，接受美学也并不认为读者可以随心所欲、毫无限制地阐释文本。所谓"一千个读者就有一千个哈姆雷特"，只是不同的读者从不同的角度解读哈姆雷特的结果，但哈姆雷特还是哈姆雷特，不会是张三李四或王五赵六，可惜我们在强调学生作为阅读的主体时，往往忽略了文本给予读者的暗示或提示对解读自由度的限制。这种剑走偏锋的所谓"多元解读"对阅读教学的损害，其实不亚于"标准答案"。

必须指出的是：找到文本对解读的限制和解读自由度之间的契合点，恰恰是阅读教学最能显示其魅力之处。因为，阅读教学不但要帮助学生理解课文，更要通过学生的阅读实践培养和提高学生的阅读能力，使学生学会怎样品味语言，怎样捕捉文字背后的隐含信息，怎样揣摩文本中那些"重要的暗示或提示"，怎样获得审美的愉悦，怎样对文本作出既富有创造性又符合文本实际的解读，等等。从这个角度说，阅读教学是不可能没有预设的。一篇课文怎样读，目标是什么，重点在哪里，学生应该学到什么知识、锻炼什么能力，教师预先都应该有个大体的考虑。绝对不预设的阅读教学是无法想象的。但"预设"不等于"预定"，因为学生是学习的主体，教学过程中学情的变化往往是教师无法预料的，学生对文本的多元解读也往往出人意料，教师必须随时调整自己的预设，使自己的教学能够灵活地适应变化了的学情，有时候甚至会生成完全不是教师预期的教学内容，这就是所谓教学的生成性。真正生动活泼的有效的阅读教学，必定是预设性和生成性的统一。如果教师毫无预设地走进课堂，一味鼓励学生不顾文本的实际随心所欲地进行"阐释"和"创造作品"，这种"阅读教学"，除了使学生养成不认真读书的虚浮习气外，我实在看不出对培养学生的阅读能力有何好处！

不妨就以《背影》为例。文章的语言平实、朴素，所叙之事也都是身边琐事，如果让学生单从文字上理解，没有多少障碍。其实，恰恰是这类"一读就懂"的文章，最容易"一看而过"，忽略了文本中丰富的隐含信息。那位除了看到父亲"违反交通规则"之外—无所得的学生，就因为"读"得太容易，不动脑筋地一眼扫过，才形成了这种肤浅的"阐释"。某些教参的提示，也大多只停留在"几次写背影"、"几次写'我'流泪"、"父亲爬月台"等一些浅表的信息上，因此大多得出了"歌颂父爱"这个单一的阐释。但如果我们把文章作为一个整体，去捕捉隐含在全部文字中的信息，就不会仅仅停留在"歌颂什么"这样浅表的层面上了。顺便说一句，长期以来我们解读文章总喜欢用一种简单化的二极思维方式：一篇文章不是歌颂了什么，便是批判了什么。正是这种思维方式，把复杂的审美过程简单化了，也把我们的学生教傻了！

这篇《背影》看似浅白，其隐含的"暗示或提示"却极为丰富：文章首尾都以伤感的笔调写了父亲的凄凉处境——失业、丧母、家景惨淡、谋生艰难、老境颓唐；也以愧悔之情写了"我"的自以为是，自作聪明；又含蓄地交代了因为双方的原因而造成父子关系的一度冷漠（他触目伤怀……家庭琐屑便往往触他之怒。他待我渐渐不同往日。但最近两年的不见，他终于忘却我的不好……）。直至车站送别之后，"我"读到了父亲来信中那句催人泪下的伤心话"……大约大去之期不远矣"，于是情不自禁地想起了父亲的养育之恩、拳拳的爱子之心，以及自己几年来对父亲的不理解，因此，在"我"对父爱的回味中，交织着愧疚、悔恨、自责等复杂的情感，而所有种种复杂的情感又都凝聚在看到父亲背影时的瞬间感受上；为什么父亲的"背影"特别令作者伤感？因为渐行渐远的背影，在作者心中已成了离别的符号，意味着父亲的远去或永别（大去），这样，"我"的几次流泪也就有了情感的依托。总之，文本的这种复杂内涵，为读者多角度地解读提供了重要的暗示或提示，读者既可以从一般的歌颂父爱的角度解读，也可以从父子情深的角度解读，还可以从"骨肉亲情也难免有误解和隔阂"以及"我"面对养育之恩时的愧疚、悔恨、自责等角度解读。总之，无论怎样解读都可以，离一点谱甚至出现"误读"都不要紧，因为重要的不是解读的结果，而是得到结果的过程，正是在这个过程中学生学会怎样从文本语言中捕捉有效信息，获得审美的愉悦，从而锻炼阅读能力。再说，同样合乎情理的解读，也有深浅之分，高低之分，精粗之分，雅俗之分，教师除了给予鼓励外，也要引导学生进行比较、鉴别，以不断提高学生解读文本的水平。尤其不应盲目鼓励某些浅尝辄止的肤浅解读。

关于这个问题，还是叶圣陶先生说得最为中肯、实在。他在给一位中学老师的信中说："语文老师不是只给学生讲书的。语文老师是引导学生看书读书的。一篇文章，学生也能粗略地看懂，可是深奥些的地方，隐藏在文字背后的意义，他们就未必能够领会。老师必须在这些场合给学生指点一下，只要三言两语，不要噜里噜唆，能使他们开窍就行了。老师经常这样做，学生看书、读书的能力自然会提高。"朴朴实实的语言，没有噜里噜唆，更没有故弄玄虚，却把阅读教学的重点、途径、方法，学生的地位，教师的作用，都说得明明白白。当我们陷身于"理论的迷雾"中而找不到方向的时候，重温一下叶老这些朴实的话语，特别让我们头脑清醒。

你提出的第二个问题，其实跟第一个问题是有关联的。现在关于教师角色的定位有一句颇为流行的话，叫做"平等中的首席"，我认为说得很好。它首先认定教学过程是师生平等对话的过程，教师不应该把自己凌驾于学生之上，主宰学生的行为；但教师同时又是"首席"，既然是"首席"，就负有引导对话方向、把握对话重点的责任，并随时给予学生鼓励和帮助，使对话获得最大的效益。我认为，在处理教学过程中学生和教师的关系时，我们也要从实际出发，既不能因循守旧，也不能过于浪漫和前卫；既要尊重学生的主体地位，也不能完全消解教师作为指导者的作用。上面所引叶老的话，事实上也可以看作对这个问题的回答。叶老一贯主张语文课上教师要让学生"自己读书，自求理解，自致其知"，这就意味着对学生主体地位的尊重。但他又实事求是地指出，课文中那些"深奥些的地方"和"隐藏在文字背后的意义"，学生未必能够领会。因此教师必须"指点一下"。所谓"指点"，就不是越俎代庖，而是启发、引导，而且只要"一下"，目的仅仅在于使学生"开窍"。开窍者，让学生"自悟自得"之谓也。这样教，学生就能达到"不复需教"的自我发展境界。我有时把叶老的这些话看作"建构主义教学论"的中国式表述，也许这种比较有些不伦不类，但我总觉得两者的基本理念是相通的。

最后我想说的是：在语文课程改革正在全面启动的当前，各种新理论、新思想、新信息，正如春潮般涌来，令人无所适从。在这样的情况下，我们尤其要保持冷静的头脑，既要敢于"求变"，不断更新陈旧的教育理念；也要敢于"不变"，凡符合语文教育基本规律的东西和我国母语教学传统中的精华部分，都要毫不动摇地坚持下去。变，需要勇气；不变，有时候需要更大的勇气。对各种外来的理论，既不盲目拒斥，又要"运用脑髓，放出眼光"，"拿来"为我所用，并且一定要使之适合于我们自己的教学实际。

教学细节，细而不小

何谓"教学细节"？《现代汉语词典》对"细节"的解释是"细小的环节或情节"，故教学细节就是教学过程中细小的环节或情节。"细"与"小"同义，但教学细节虽细，其意义和作用却一点儿不小。因为某些教学细节，事实上折射着执教者的教学观、学生观等等这些带有根本性质的教育思想或理念，其意义和作用自然非同小可。

一次成功的教学，必然包含三个要素：现代教学思想或理念；合乎学生认知规律的教学设计；活泼生动的教学细节。如果拿一个人做比喻的话，那么，教学思想或理念是人的灵魂，教学设计是人的骨架，教学细节则是他的血肉肌肤。人当然不能没有灵魂和骨架，但人之所以有人的形貌，人与人之间所以有丰瘠美丑的区分，靠的则是他的血肉肌肤。一个教学过程如果充满了生动活泼的细节，这样的教学过程必定也是生动活泼，乃至异彩纷呈的；反之，如果教学细节处理失当，则必定导致整个教学过程的失败。套用一句现成话：教学细节决定教学成败。

正好有两个正反对比鲜明的例子可资佐证。

不久前去某市参加语文教研活动，听了多位老师的展示课，其中一位优秀的女教师的一个细小的动作引起了我的兴趣。她在上课之前突然敏锐地发现舞台上黑板摆放的位置会使班上一位坐在靠边座位上的学生看不清黑板上的字迹，于是她立即招呼台下的工作人员上台和她一起调整黑板的位置，并多次走到这位学生的座位旁俯身观察，确认这位学生能完全看清黑板上的字迹了，才宣布上课。正是透过这个被现场听课者忽略的小小的细节，我看到了这位优秀教师之所以优秀的主要点：她心里装着全体学生！即使在这样的"展示"现场，她所关心的不是怎样展示自己（这是不少上展示课的老师常有的心态），而是每一个学生的学习。还未上课，我已经从心里看好了这位老师。果然，整整一堂课，学生在这位老师的引导下始终学得主动积极，课堂上不时出现教师与学生亲切对话的生动情景，学生的主体地位和教师的主导作用得到了完美的体现。

另一位男老师应该也是一位令人钦佩的优秀教师，他所主持的一项研究课题，不仅获得了省级的科研成果奖，而且已有两部专著问世。遗憾的是，由于他在教学过程中处理某些细节失当，导致整个教学过程沉闷、拖沓、乏味，教学效果当然可想而知了。与那位女教师成功的原因恰好相反的是，这位男教师似乎对全班学生的学习状态并不关心，比如，他常常喜欢走到单个学生的身边，俯下身与这位学生一对一地交谈，而置全班学生于不顾，有时候交谈的时间很长，于是所有不参与交谈的学生自然就无所事事，不是东张西望，便是昏昏欲睡。这位老师教学的失败，正是源于细节处理的失当，而细节处理之所以失当，归根到底是由于学生本位思想在这位老师的意识中还有所欠缺。

由此可见，教师有怎样的教学思想或理念，就会有怎样的细节处理方式。同理，我们也可以从细节处理的方式，推知教师具有怎样的教学思想或理念。从这个意义上说，教学无细节，任何一个教学细节都蕴含着教学的"大节"。

下面以我的教学为例，谈谈我的教学理念是怎样帮助我处理教学过程中的某些"偶发事件"（细节），从而获得比较理想的教学效果的。

1980年代初，我曾把我的教学理念概括为三句话：学生为主体，教师为主导，训练为主线。学生为主体是教学的根本立足点和出发点，就是教师必须确认学生是认知的主体、发展的主体，教师在教学过程中必须充分尊重学生的主体性；教师为主导则规定了教师在教学过程中的作用只能是指导、引导，是循循善诱、因势利导，而不能越俎代庖，剥夺学生的学习自主权；训练为主线则是教师的"导"和学生的"学"在教学过程中互动的基本形态。"三主"思想使我在处理各种教学细节时有了明确的方向。

有一次我教《论雷峰塔的倒掉》，有学生提出：文章里为什么要详细写出"吃螃蟹找蟹和尚"的过程？这是一个相当有难度的问题。我看到后排有位学生把手举得高高的，于是就请他起来回答这个问题。

"文章用蟹和尚的丑态讽刺了倒行逆施的法海的可悲下场……"我发现他用词老练，出口成章，完全不像一个初二学生。当我走到这位学生身边的时候，他却慌乱地抬起头来，怯怯地看着我一言不发。我发现他的桌上摊着一本教师备课用的教学参考书。怎么办？如果阻止他，甚至批评他不该用读教参来代替自己的思考，肯定会使这位学生感到难堪，挫伤他的学习积极性，但如果让他继续读下去，对他、对其他学生都没有任何教益。我必须在保护这位学生的学习积极性的同时，又能使全班学生从中获益。于是我说："这位同学能主动找教学参考书来看，说明他有很强的求知欲，值得大家学习。不过，我想请他暂时不要把参考书上的结论说出来，先让大家来说，最后再请他根据参考书上的结论，评一评大家说得好不好，你们看怎么样？"（我发现同学们有些跃跃欲试）同时我又说："大家尽量放开说，发挥集体智慧，相信你们肯定不会比参考书上说得差。"那位同学渐渐松弛了紧张的表情，笑眯眯地坐下去，一边听同学们发言，一边等待着行使"评判员"的权力。

讨论的结果令人满意，同学们你一言我一语，把问题回答得出乎意料的圆满。于是我请这位"评判员"宣布评判结果，他说："参考书上说的，同学们也都说到了，而同学们说的有些内容，参考书上还没有呢！"

最后，同学们就"参考书事件"发表了以下意见：

"应该像××那样，课外找些参考书来看。"

"学习要靠自己，参考书可以看，但不要依赖。"

"在看参考书之前，最好自己先动动脑筋，也许我们想的不一定比参考书上写的差。"这是那位"评判员"的体会。

学生用读"教参"来回答问题，是一个小得不能再小的细节，不少老师遇到这样的事往往不假思索地予以制止。被制止的学生往往满脸羞愧地坐下去，从此失去了发言的兴趣。这样处理这个细节当然不是不可以，但其结果是凸显了这个细节的消极面，对这位学生、对全班学生都没有任何教益，也不符合我的"学生为主体，教师为主导"的理念。我这样处理，虽然多花了不少时间，但同学们从中受到的教益已经远远超过了获得答案本身。

教学细节大多在教学过程中即时生成，如果处理得当、巧妙，往往能成为教学过程中的亮点，教学中会频频出现"不可预约的精彩"。但由于是即时生成，有些缺乏经验的老师往往在"偶发事件"面前显得手忙脚乱，难以应对。因此，教师除了要有现代的教育理念，还必须培养一点随机应变的教学机智。有人认为教学机智来自天赋，我不否认天赋的重要，但至少我并不是一个很有天赋的人。如果说我在处理某些教学细节上似乎还有些许"机智"的话，那完全是在长期的教学实践中逐渐形成的。仍然不能不提到我的"三主"教学观，这个已深入我的骨髓的教育理念必然要求我选择一种鼓励学生自主学习的教学模式，而当学生的自主意识一旦被唤醒、被激活，他们在阅读中必然会提出各种各样千奇百怪的问题，发表各种各样难以预料的意见，这就逼得我不能不常常面对这些"偶发事件"。

所谓"教学机智"，所谓处理教学细节的"艺术"，就是在长期的师生对话、互动过程中逐渐锻炼出来的。相反，那些习惯于把学生看作被控制、被灌输的对象的老师，恐怕很难与教学机智有缘。

语文教学四境界

想起王静安在《人间词话》里提出的"三境界"：

古今之成大事业、大学问者，必经过三种之境界："昨夜西风凋碧树。独上高楼，望尽天涯路"，此第一境也。"衣带渐宽终不悔，为伊消得人憔悴"，此第二境也。"众里寻他千百度。蓦然回首，那人却在灯火阑珊处"，此第三境也。

我想，语文教育作为塑造人的灵魂的崇高事业，不可谓不大，其中自然也有大学问在，同样可以由低到高、由浅及深分为四种境界。姑效颦王氏，用几句现成的诗句概括之。

"不言春作苦，常恐负所怀。"此第一境也。这一境属于实践操作层面。处于这一层面的老师能够踏踏实实地备好课、上好课，能够组织有效的训练。为了提高教学效率，他们兢兢业业，不怕付出艰苦的劳动。因此，他们所教的学生一般都成绩优良。但是，他们的不足是明显的。由于仅仅停留在实践操作的层面，他们对事物的因果关系缺乏必要的认识，教学的成败得失往往带有偶然性，有时就难免产生一点成败难卜的惶恐。

"却顾所来径，苍苍横翠微。"此第二境也。这一境属于经验积累的层面。处于这一层面的老师开始重视总结和积累自己成功的经验，因而能够比较自觉地从自身的实践中把握事物间一定的因果联系。他们开始发表文章，内容大多是回顾和介绍教学过程中某些被实践证明有效的做法或招式。但是，由于个人实践所固有的局限性，他们对事物因果联系的把握往往是浅层的、局部的，尚未上升为对语文教育内在规律的认识。他们的理论视野不够开阔，思维还停留在解说事实的层面上。

"欲穷千里目，更上一层楼。"此第三境也。这一境界属于理论探索的层面，是语文教学的较高境界。达到这一层面的老师，能够在积累实践经验的基础上作进一步的理论思考；他们不满足于仅仅如实描述个人的体验或心得，而力图透过表层的现象、经验，上升到对事物内在、普遍规律的认识。他们的教学实践和他们撰写的教学论文，都明显地表现出自觉的理论追求。他们对语文教育的理解已经达到了相当的深度。

"行到水穷处，坐看云起时。" 此第四境也。这一境属于形成语文教育思想、风格或体系的层面。这是语文教育的最高境界。达到这一层面的老师，完全进入了语文教育的自由王国。他们并不刻意表明自己追求某种理论，因为他们的理论精髓完全来自于卓有成效的教育教学实践；他们视野开阔，个性鲜明，教学上则挥洒自如，游刃有余，随心所欲不逾矩——这"矩"，就是他们对语文教学内在规律的深刻认识。他们也许并不明确宣布自己建构了什么"体系"，创造了什么"风格"，但是人们从他们全部的教育教学实践和言论中，分明感觉到一个完整的教学体系、一种独特的风格的存在。这是有志于献身教育事业的教师祈求达到的最高境界！

我教了一辈子语文，主观上确实很想干得更出色些，但囿于个人的学识和能力，直至 1993 年退休，我仍然徘徊在第三境界的门外，遑谈第四境界了。因此，当我放眼 21 世纪中国语文教坛的时候，自然就格外热切地寄希望于后来者。我希望看到我的年轻的同行中有尽可能多的人登堂入室，进入语文教育的第三境界，直至第四境界。21 世纪的中国应该有新一代的语文教育名师、大家，新一代的叶圣陶、吕叔湘、张志公……

三个平台：现代信息技术与语文课程的整合

——在上海金山区"现代信息技术与语文课程整合研讨会"上的发言

现代信息技术确实使语文教学发生了前所未有的变化，其变化之大，在十年前是无法想象的。在我看来，信息技术的介入，不仅使课堂教学的时空无限拓展，而且从根本上改变了传统的授课模式。"现代信息技术和课程的整合"，已成为教学现代化的一个重大课题，语文教学要实现现代化，首先要面对的也是"整合"这个课题。按照信息技术介入的不同深度，我认为可以将语文教学的现代化划分为三个不同的层次，即三个由低级到高级的"平台"。

第一个平台：多媒体演示平台。

这是当前应用最广的一个平台，也是现代信息技术与课程整合的最初级的形式。现在不少中青年教师上课（尤其是在一些公开课上）已基本上告别了黑板、粉笔、教学挂图这类传统的工具，而代之以精心制作的多媒体课件。上课时鼠标轻点，图像、声音、文字，静态的、动态的，要什么有什么。教师教得轻轻松松，潇潇洒洒，如果课件做得好，确实也有助于提高学生学习的效率和兴趣。但正如不少教师指出的，多媒体作为一种演示工具，其实是一把双刃剑，人们在赞叹它给教学带来诸多便利的同时，往往忽略了它的负面作用，而这种负面作用对语文教学的损害尤甚。因为，语文教学本质上是语言教育，重在培养学生对语言的感悟力，如果语文课上以大量快餐式的"读图"取代了必须静下心来细细品味语言的"读文"，势必造成对语言学习的冲击。同时，过于具象化的画面，也限制了学生自由想象的空间。至于有的老师以多媒体演示代替传统的板书，固然有节省教学时间之利（有的老师板书很糟糕，采用多媒体还有"藏拙"的作用），但它所造成的弊害也许更多于这样一点小小的便利。因为传统的板书有相当的随机性，不少优秀教师的板书往往随着课堂上学情的变化和新的教学内容的生成，灵活地调整原来的板书设计。但一旦做成了课件，便已铁板钉钉，不容再作任何变动，在这样的情况下，教师只能想方设法让学生的思维活动适应板书（课件）的内容，于是教学中便出现了诱使学生"入我彀中"的设"套"的现象。这样的教学，尽管使用了现代化工具，其实仍然是一种以教材和教师为中心的封闭式教学，学生仍然是被设计的对象、知识的被动接受者，甚至比"板书时代"更加倒退了。我这样说，并无否定多媒体演示的意思，只是指出它的局限性。总之，严格地说，这个平台还谈不上现代信息技术与课程的整合。真正的整合，必须以现代教育理念为先导，在整个整合过程中，教育理念的现代化始终是关键中的关键。

第二个平台：信息资源平台。

这是现代信息技术和课程整合的一个重要平台，比之第一平台，它更能显示现代信息技术的优势和魅力，技术介入的程度也高于第一平台。互联网上有着超出我们任何想象的丰富的信息资源，它是一个取之不尽的知识宝库，如果教学中能结合课程内容，充分开发、利用这一信息资源，必将无限拓展课程的时空界限，从而使教学打破封闭状态，呈现出一种完全开放的态势。在这样的环境下，课程已不再是一个以教材和教师为中心的封闭系统，而成了以资源和学生为中心的开放系统；现代信息技术由简单的演示工具变为高级的认知工具，学生也摆脱了被动者的地位而成了主动的求知者，从而更充分地体现学生的主体地位。

更重要的是，教育部制订的语文课程标准和上海市的二期课改，都把研（探）究性学习列为重要的课程内容之一，而第二平台的网上搜索工具正好为研究性学习提供最有力的支持。我看到过不少学生做的很有特色的研究课题，其中有语文学习方面的（如"走近鲁迅"、"重读杨朔"等课题），也有其他方面的，但几乎无一例外地都充分利用了网络信息资源。

第三个平台：开放互动的现代化学习平台。

这是在第二平台基础上，进一步开发利用现代信息技术的结果，是现代信息技术与课程整合的最理想的一个平台。学生在这一学习环境下，学习模式发生了根本性的变化：一方面，学生从网络搜索需要的信息，经过筛选、分析、加工，达到个体的认知目标；另一方面，又通过网络的交流功能，如聊天室、留言板、论坛、电子信箱、视频会议系统等，实现师生之间、生际之间的互动、合作。学生对学习内容的理解和领悟就在这种和老师、同伴紧密沟通与协调合作的过程中逐渐形成和深化。这样的学习模式，既有利于学生主体地位的实现，也有利于教师作为"平等对话中的首席"发挥应有的作用，同时可收同伴间交流、切磋之效，学生的自主意识、合作意识也会在学习过程中得到更好的培养。

由于这一平台的完全开放性和互动性，它带来的不仅是教学工具的变化，而且是整个教学思想和教学模式的革命。但任何完美的模式、工具，都必然有适用范围的限制。第三平台所提供的教学模式在学生的研究性学习中最能显示其无与伦比的优势，但如果把这一教学模式用于一般的语文课堂教学，恐怕就未必能完全适用了。首先，由于学校硬件设施的限制，这样的课必须在专用教室进行，这就有了教学场地选择的不方便；其二，如果教学中仍然是围绕课文展开讨论和交流，便不过是把传统课堂上的人际对话变成了人机对话，那就仍然没有改变以教材和教师为中心的封闭状态；其三，由于网络的"过滤"，传统课堂上人际对话中的情感因素已荡然无存，无论热情洋溢的对话，还是深情脉脉的交流，都只剩下一片冷冰冰的敲击键盘的声响。加以网络传输速度的限制和电脑死机等干扰，又往往分散了师生的注意力。我有幸观摩过几次这样的语文课，总的感觉是：不像语文课。

但尽管如此，我认为这些"不像语文课"的课作为语文教学现代化的一种突破常规的探索，仍然是有益的。因为，任何幼稚的东西，总是在不怕幼稚的反复实践中逐渐成熟起来的。

现代信息技术和课程的整合作为语文教学现代化的一个重要课题，近两三年来已由初级状态的课件演示发展到了对网络资源的开发，这是很大的进步。金山区在这方面做得尤其出色。他们探索多年，取得了可喜成果。昨天胡雯老师的介绍中，有几位学生发言，信息量高，思维敏捷，语言灵动，我想他们肯定都得益于整个语文学习环境的改变。另外，网络也刺激了他们的求知欲，激发了语文学习的兴趣。语文历来是一门不大讨学生喜欢的学科，但一旦和网络"嫁接"，学生的兴趣便空前地高涨起来了。这无疑给死气沉沉的语文教学注入了新的活力。金山区的实践就是有力的证明。

最后还要指出的是，现代信息技术无论使语文教学发生了怎样的变化，语文教学中毕竟还有不少不变的因素，如母语学习必须重视语感的培养，提高学生的语文素养离不开学生读写听说的语文实践，纸质文本的阅读始终是阅读教学之所"本"，教师始终是学生语文学习的指导者，等等。无论信息技术在教学过程中占有多大的比重，这些语文教学的基本规律是不会改变也不应该改变的。"变"，固然需要勇气；"不变"，同样需要勇气。

学会学习　学会考试

　　老师们谈论教育，说起"怎样使学生学会学习"的话题，大多理直气壮，神态自若，因为"学会学习"是素质教育的题中应有之义；可是如果话题一转到"怎样使学生学会考试"，便先自气短了三分，神态也不再自若，仿佛在谈论一件难以启齿的事。因为"学会考试"，就是为了"应试"，便有主张"应试教育"之嫌。这种微妙的心理变化，说明应试教育已经不得人心，应该是一件好事。

　　其实，"应试"和"应试教育"是两个完全不同的概念，不宜混淆。

　　应试教育是我们极力反对的。因为应试教育完全根据考试的需要选择教学内容和教学方法，所有教学行为的唯一指向就是为了使学生考试得分，结果必然把学生逼入无边的"题海"，严重杀伤学生的个性和创造力。

　　但我们并不反对考试，而有考试则必有应试。中学生通常必须面对的是两种考试，一是水平考试，如学校内部进行的期中考试、期末考试等，这是评价学生发展水平和教师教学质量的重要方式，是整个教学过程中一个必不可少的环节；二是资格考试，如教育行政部门统一组织的中考、高考等，这种考试迄今为止仍然是高级中学和大专院校录取新生最公平、最便于操作的有效手段。此外，学生将来走向社会，还会面对各式各样的考试，如职位考试、选拔考试以及各种名目的专业考试等等。在竞争激烈的现代社会，考试以其公平的选拔功能具有天然的合理性。既然考试有理，那么"学会考试"（应试）何罪之有？"应试能力"何尝不是构成人的"综合素养"的要素之一？

　　问题在于怎样帮助学生"学会考试"。是把学生抛向"题海"，任其载沉载浮、苦苦挣扎，还是在全面提高学生综合素养的基础上，指导学生"学会考试"——洞悉各类考试的内容和形式，了解试卷中常见题型的特点及其解题思路和答题技巧，从而以正常的心态、正确的方法面对考试？

答案是不言而喻的。

很多优秀语文教师的成功实践为我们作出了示范。他们深知："会学习"不等于"会考试"，例如倡导作家走"学者型"道路的王蒙，学习能力肯定超强，但他有一次做语文高考试卷，成绩还不如一名中上水平的高中毕业生，原因很简单，因为他并不熟悉一般语文试题的特点和解题技巧；同时，优秀语文教师们更深知："会考试"也不等于"会学习"，不少在试题操练中长大的所谓"高分低能"的学生就是证据。因此，优秀教师们在平时的教学中既教学生怎样学习，帮助学生打下扎实的知识和能力基础；也教学生怎样考试，帮助学生以正常的心态与正确的方法面对考试，以便使学生的知识、能力在考试中得到充分发挥。在他们的教学中，"学会学习"与"学会考试"是互为因果的良性循环关系，两者都是素质教育的题中应有之义。相反，如果我们讳言考试，考试并不会因此而不存在，其结果只会使学生更加深陷考试"苦海"而不能自拔。

不妨比较两种不同的对待"考试"的方式。

一种是优秀教师通常采用的方式。他们平时的教学根本不管考试，至少不是为考试而教；由于挣脱了考试的"镣铐"，因此他们在教学中就能放开手脚，遵循语文教学规律，着眼于激发学生的学习兴趣和培养他们实际的读写听说能力，并鼓励学生拓展文化视野，课外多读书，读好书。他们的课上得生动活泼，学生学得积极主动，兴趣盎然，教学效果极佳。到了学生毕业前的一个阶段，他们开始指导学生"研究考试"，帮助学生通过对中考或高考试卷的分析，了解试卷的构成要件和这些要件对考生知识和能力的要求，研究试卷中常见题型的特点及其解题思路，等等。总之，让学生知道他们即将面对的是一份怎样的试卷，会遇到一些怎样的试题，为此要作好怎样的准备。由于优秀教师的学生平时读书多，知识面宽，读写能力和思维能力高于一般学生，因此经过这样的考前指导，他们的心理优势和实际的应试能力必定高过一般学生，到考试时自然稳操胜券。在优秀教师的教学中，指导"应试"也是素质教育的一部分。

另一种对待考试的方式则呈现出完全不同的景象。老师完全为考试而教，考什么就教什么，怎样考就怎样教，不考就不教。教师和学生都离不开"一课一练"之类的习题集，习题集的重要性甚至超过了语文课本。教师和学生的思维都被束缚于形形色色的"标准答案"，教师教得束手束脚，学生学得兴趣索然，教和学都成了沉重的负担。更可怕的是，学生被驱进无边题海，课内做题，回家做题，双休日"补课"，还是做题，一年忙到头，除了做题还是做题。有个朋友的孩子想让我教她作文，我要她读点课外书，她的回答是："我忙得做习题还来不及，哪有时间读课外书呀！"读书娃不读书，岂非怪事！但现实就是如此。问题是，这样"培养"出来的学生进了考场其实未必真有优势，更令人忧虑的是，这种"应试操练"对学生个性、心灵的伤害远远超过我们的想象。

　　两种对待考试的方式，孰优孰劣，不言而喻。

　　让我们理直气壮地说：我们不仅要帮助学生学会学习，也要帮助学生学会考试。

辑四　语文教学对话录

语文新课程关键词解读

——与友人谈语文课程改革

钱梦龙（以下简称钱） 友人（以下简称友）

友：当前的语文教育正处于"转型期"，认识上、实践上出现一些混乱，是可以理解的。但《语文课程标准》（以下简称《标准》）颁布后，语文教学有了统一的"标准"，照理应该有大体一致的步调了。然而事实并非如此，不少一线语文老师反而有些无所适从。据一位经常参加评课的特级教师说，现在有些语文课简直不像语文课了。我知道，"乱"，也许正是对多少年来那种死水一潭的局面的打破，是旧模式被扬弃、新模式尚在催生过程中必然经历的一次阵痛。从这个意义上说，"乱"正是"不乱"的前奏。但"乱"毕竟不是目的。教育，是关系到下一代健康成长的大事，由"乱"到"不乱"的这个过程最好尽量短一些。今天想就这方面的问题和您探讨一下。

钱：这也正是我时刻思考着的一个问题。不过，先要申明：我不是研究语文教学的专家，我长期工作在教学第一线，现在虽然离开了讲台，但仍然习惯于从第一线的立场思考语文教学，这种立场固然使我的思考比较贴近语文教学的实际，但也局限了我的理论视野。因此，我敢肯定我们的探讨不会有多少理论深度。如果您在理论上没有太多的期待的话，那么我是很乐意就您提出的问题作些实际的探讨的。

友：我也是一名一线语文教师，我关心的正是语文教学的实际状况。我很喜欢胡适的那句名言："多研究些问题，少谈些'主义'"。我认为，当前的语文教学最需要的就是研究实际问题的勇气，而不是形形色色的纸上的"理论"或"主义"。我相信，我们在探讨中会找到许多共同语言的。

一、"语文素养"的边界有多大

钱：研究一下语文教学中某些"乱象"产生的原因，我发现大多是由教师对语文课程改革的理解有偏差所致，因此为了尽快结束"乱"的局面，就应该从正确解读新课程入手。比如《标准》提出了一个新的概念："语文素养"。这是一个关系到语文课程培养目标的重要概念，但究竟什么是"语文素养"，它的外延究竟有多大，却没有一个权威的界定。我读过一些讨论语文素养的文章，也大多各说各的，或理论说了一大堆，仍然不得要领。而语文教学的目标，从根本上说，就是要提高学生的语文素养，如果连什么是"语文素养"都说不清楚，又怎么去提高呢？咱们的讨论就从"语文素养"说起吧。

友：华东师大巢宗祺教授在江苏省举办的一个语文课程研讨会上对什么是"语文素养"作过这样的解说：'语文素养'指学生在语文方面的修养，包括对祖国语文的思想感情、语言的积累、语感、思维，也包括一些语文能力，如识字写字能力、阅读能力、口语交际能力和习作能力，另外还有品德修养、审美情趣等。巢教授是《标准》研制组组长，他的界定应该是很权威的。

钱：巢教授的这段话是别人根据他报告的记录整理的，很可能与原话有些出入。但从这段话本身看，把"品德修养"也划入了"语文素养"的范围，显然是不妥当的。

友：照您这么说，语文教学可以不要进行思想品德教育了？

钱：语文课当然要进行思想品德教育，正如中小学的所有课程都要进行思想品德教育一样。但那是另外一个话题，这跟我们现在讨论的"什么是语文素养"不是同一个话题。"语文素养"，从词语的构成看，就是"语文的素养"，给它界定时不能无视"语文的"这个限制语的存在，而"品德修养"是人的一般素养，显然不能包含在"语文的素养"这个范围内。"语文素养"概念的泛化，必然会加重语文教学的负荷，"只恐双溪舴艋舟，载不动、许多愁"，结果是导致语文教学自身方向的迷失。

友：那您认为"语文素养"的范围究竟应该有多大？

钱：我这个人只会从常识的角度思考问题，假如我们说"某人的语文素养很高"，不妨想一想：我们是凭什么下这个判断的呢？我想大致会从这样几方面考虑他语文素养的高低：1. 语文知识；2. 语文能力（读、写、听、说能力，包括敏锐的语感）；3. 对民族语的情感态度；4. 文学欣赏力和欣赏趣味；5. 文化视野。这五个方面就是"语文素养"的大致范围。至于他的品德修养如何，是不必考虑的；品德修养很高的人，语文素养完全可能很糟糕，反之亦然。

友：从这五个方面看，"语文素养"的范围也不小了。但不知这五者之间是怎样的关系？我是个基层语文教师，我更关心的是在教学中如何操作的问题。"语文素养"涉及五个方面，教学中难免顾此失彼，真不知"抓"什么好。

钱：先来看看五者的关系，我想如果用五个依次扩展的同心圆来表示的话，那么语文能力，即读、写、听、说能力，无疑应处在中心位置。同时经验又告诉我们，在读、写、听、说四项语文能力中，阅读能力又是基础，因为只有善于阅读的人，才能从阅读中积累语料、培养语感，广泛汲取精神养料，拓展知识宽度，从而全面提高自己的语文素养。从语文课程内部的课时分配看，用于阅读教学的课时所占的比重最大，也说明了培养阅读能力的重要。语文教学这件事，无论专家们把它说得多么复杂、玄乎，但我想，一个语文教师如果能够激发学生读书的热情，教会学生读书的方法，使学生爱读书、会读书、多读书、读好书，语文素养的提高就是水到渠成的事了。

友：记得朱永新教授说过一句很精彩的话："一个人的精神发育史，就是一个人的阅读史。"一个人知识的积累、能力的培养、智力的开发、文化的熏染、语文素养的提高……总之，这些目标都可以在阅读中实现。是这样吗？

钱：确实如此！可见，弄清楚"语文素养"的范围，落实到语文教学实践上，就是要锁定"提高学生的语文能力"这个核心目标，以"阅读教学"为"抓手"，实实在在地唤起学生阅读的兴趣，帮助学生学会阅读。叶圣陶先生在给语文老师的一封信中说过："语文老师是引导学生看书读书的。"又说："语文教师能引导学生俾善于读书，则其功至伟。"我想，语文教师如能按照叶老说的这些话实实在在去做，则学生必能从读书中终身受益，不仅仅是提高语文素养而已。

友：俗话说"牵牛要牵牛鼻子"，如果"语文素养"是一条"牛"的话，那么语文能力就是"牛鼻子"，而阅读能力则是牛鼻子上的绳扣。不知我这个比方，是不是符合您的意思？

钱：这个比方好！不但形象，而且贴切。

二、"工具性"和"人文性"如何"统一"

友：《标准》指出："工具性和人文性的统一，是语文课程的基本特点。"依我浅见，这是长期以来关于语文课程性质之争的一个总结。我从一些批评您的文章中看到，您是坚守"工具性"的阵地，反对人文性的，是这样吗？

钱：准确地说，我反对的是在语文课程的性质问题上争论不休，而不是反对任何一个具体的"性"——无论工具性还是人文性。因为我认为给语文课程"定性"并不如某些专家所说的那么重要，它对语文课程的目标取向而言并不是一道必不可少的"程序"，何况这种争论已被注入了太多的情感和政治元素。据我有限的见闻，语文课程的性质之争大概是仅见于我国语文界的一道"独特的风景线"。其实，这些年来的性质之争，实质上仍是20世纪五六十年代"文道之争"的延续和重复。有趣的是，争来争去，最后又回到了原点上：文道统一。所谓"工具性和人文性的统一"，不正是"文道统一"在新词语包装下的现代翻版吗？

友：我赞同您这个观点：过去的"文道之争"被注入了太多的情感和政治元素。我想这是由当时特定的政治环境所决定的。

钱：政治对语文教育的干预，其起源可能要追溯到二十世纪五六十年代。在那个"政治是灵魂"、"政治统帅一切"的年代，1958 年一场轰轰烈烈的"教育革命"，在语文教学领域取得的"伟大成果"，就是把语文课上成了政治课，导致了学生语文能力的大幅度滑坡。于是从 1959 年开始，在全国范围内对语文课的性质、目的、任务等根本问题开展了大讨论，这场大讨论的一个重要收获，就是"工具性"的提出，并以国家文件的形式反映在 1963 年教育部制定的中小学语文教学大纲中。当时的观点是：语文是工具，语文教学的基本任务是指导学生理解和运用祖国的语言文字，掌握语文这个工具，使学生具有必要的读写听说能力。但语文这个工具又不同于纯物质工具，而是承载着思想情感的工具。"工具性"在当时的提出，改变了多年来语文作为政治附庸的地位。这就是"工具论"的由来和它的历史意义。但今天的政治环境比当时宽松多了，我们完全可以从语文教学自身的规律出发，理性地来思考语文课程的取向，而不必再在"定性"这个被注入了太多情感和政治元素的问题上纠缠不休。

友：这样说，您是不是认为今天连"工具性"也不必再提了？

钱：正是如此。照我看来，过去的"文道之争"也好，这几年的"两性"之争也好，无非是为了解决一个问题：语文教学过程中怎样处理好语文学习与思想、人文教育的关系？这个问题其实在上世纪六十年就已经取得了共识，那就是："循文悟道→因道悟文→文道统一"。这里的"文"和"道"，虽然是借用我国传统文论中的概念，但已被赋予了新的内容。

友：根据我的理解，"文"本指文章的言语形式，用之于语文教学过程，则指教学中的一切语文因素（语文知识教学、语文能力培养以及读写听说训练等）；"道"本指文章所承载的思想内容，用之于语文教学过程，则指教学中的人文、思想教育因素。两种因素在语文教学过程中相互融合，你中有我，我中有你，就是"文道统一"。您是不是同意我这样的解释？

钱：完全同意，尤其欣赏"你中有我，我中有你"之说，因为过去提的"文"与"道"也好，现在提的"工具性"和"人文性"也好，彼此依存的程度犹如一个人的肉身和灵魂。总之，语文教学无非要处理好教学过程中的语文因素和人文思想因素两者的"你中有我，我中有你"的关系，如此而已。那为什么"工具性"和"人文性"之争会这样旷日持久，而且久争不决，最后要由《标准》来统一认识呢？这说明了这种抽象的概念之争有时候反而把简单的问题复杂化了。再从当前语文教学的实际情况看，由于"工具性"和"人文性"概念的抽象性，在教学中"统一"得并不太好。

友：从现在不少谈论语文教学的文章和某些展示课的倾向看，恐怕已不是人文精神失落的问题，而是"人文性"张扬有余，"工具性"却受到了不公正的对待。有些文章一提到"人文性"，大多理直气壮，热情洋溢；对"工具性"，则不是不屑一顾，便是三缄其口，生怕说多了落一个"保守"的名声。说是"两性"统一，其实是由过去的"工具性一花独放"，变成了如今"人文性一枝独秀"。

钱：您说的这种倾向确实存在，尤其在某些展示课上，执教者宁可脱离文本，架空语言，也不愿让人说一句"人文精神失落"。这种现象的产生，是不是再一次证明了"工具性"、"人文性"这类比较抽象的概念在实践中不太容易把握呢？

友：纯概念的讨论对"研究语文教学"是必要的，但我素来不感兴趣。记得波兰有位教育家说过："教学论不是凭思辨，而是凭先进教师经验的理论概括，以及观察和实验，来揭示一系列规律的。"我们还是走出概念、理论的迷雾，讨论一下教学过程中如何实现"文道统一"的问题吧。

钱：我也不喜欢空谈，我这里正好有个教例，您看看是不是符合您所说的文和道"你中有我，我中有你"的要求。

友：好啊！愿闻其详。

钱：有一次我执教吴晗的《谈骨气》，正好从网上看到一篇短文，对吴晗的论点进行了冷嘲热讽的批判。那位网上作者的主要观点是：吴晗像个天真的小学生似的写道："我们中国人是有骨气的。"难道那么多中国人都是有骨气的吗？说"吃饺子是中国人的传统"有人信，可硬把"有骨气"也当成所谓的"传统"，明智的人会嗤之以鼻的。（大意）我在引导同学们理清课文内容以后，把这位网上作者的短文拿出来请大家讨论。学生中有赞同的，也有不赞同的，讨论的焦点集中在对"中国人"这个概念的理解上。我不置可否，只是向学生介绍了鲁迅杂文中的两段话：

我向来是不惮以最坏的恶意，来推测中国人①的，然而我还料，也不信竟会下劣凶残到这地步。(《记念刘和珍君》)

我们从古以来，就有埋头苦干的人，有拼命硬干的人，有为民请命的人，有舍身求法的人……这就是中国的脊梁……要论中国人②，必须不被搽在表面的自欺欺人的脂粉所诓骗，却看看他的筋骨和脊梁。(《中国人③失掉自信力了吗》)

我请学生把鲁迅文章中三处提到的"中国人"找出来，然后想一想对回答那位网上作者对吴晗的责难有没有启发。

友：鲁迅的这两段文字找得好！相信学生会从中得出正确的结论的。

钱：是的，学生发表了很好的意见。下面是讨论的一个片段：

生：鲁迅的文章中，中国人①指的是杀害刘和珍和制造流言的那一类坏人，而中国人②指中国人中的"脊梁"，③指的是没有失掉自信力的中国人。三个"中国人"都不是指全体中国人的。

师：这对我们解决刚才的问题有什么帮助吗？

生1：我们在用"中国人"这个概念的时候，如果前面不加任何表示限制的词语，既可以指全体中国人，也可以指某一部分中国人。主要看它出现在什么语言环境中。网上那篇文章对吴晗的批评是没有道理的。

生2：中国人中当然有优秀的人，也有坏人，吴晗会不懂这个道理吗？还用得着这位网上的作者来教训吗！再说，我们写文章总得给人一点启发或鼓舞，吴晗写这篇《谈骨气》就是要鼓舞人们以"中国人的骨气"去克服当时国家面临的困难。"我们中国人是有骨气的"，这样的句子铿锵有力，很有鼓舞人心的作用，如果改为"有一些中国人是有骨气的"，还有这种表达效果吗？

生3：我同意他们的意见，想再作点补充。我们在谈到民族传统的时候，应该看主流的方面。世界上任何一个民族，都有优秀分子，也有败类，但优秀分子总是处在主流的地位，否则，这个民族就不可能生存和发展，他们也许人数不多，但却是一个民族的代表人物，也就是鲁迅说的民族的"脊梁"。

最后我作出了这样的总结："我们中国人是有骨气的"这句话中的"中国人"，指的正是堪称"中国的脊梁"的那一部分优秀的中国人，正是在他们的身上体现着中国人的骨气。再从语文知识的角度说，这里其实有一种修辞现象：整体和部分可以互代。吴晗的文章中是用表示整体概念的"中国人"代替有骨气的中国人。

友：这确实是个很合适的教例。这里有语言学习，有思维训练，也有文化、思想、情感的熏陶感染，分不清哪里是在学习语文，哪里是在进行人文、思想教育，正如我所说的"文"与"道"（或"工具性"与"人文性"）你中有我，我中有你，难分彼此。

钱：正是这"难分彼此"体现了语文课程的一个明显的特点：它的人文、思想教育不是外在的，而是不着痕迹地交融于语文训练过程中，熏陶感染，潜移默化，绵绵不绝，润物无声。这正是人文、思想教育的最高境界。

钱梦龙老师访谈实录

2010 年 4 月 15 日，春光明媚。上海名校挂职培训最后一课结束后，我们专程前往嘉定，拜访钱梦龙老师。在秋霞公寓一间普通居室里，我们如约见到了这位教坛前辈。我们步上二楼，钱老师已经在家等候，他直接把我们迎进客厅，甚至连鞋也不让我们换，我们真有点受宠若惊。

眼前是一个普通的民居，客厅不大，两组沙发填满空间，字画装饰，素朴高雅；花草点缀其间，清香四溢。钱老师精神矍铄，神采奕奕，步履矫健，谈吐优雅。

面对这样一位慈祥老人，我们激动不已。谈话很快进入正题，从课堂板书，到语法教学；从古诗文教学，到作文教学；从语文教学的现状，到语文教材的选用；从教师个人素养的锤炼，到学生能力的提高；从发挥学生的主体作用，到发挥教师的主导作用；从学生综合素质的培养，到"差生"的转换……聆听教海，如沐春风。我们无拘无束，无话不谈。两个小时悄然而过……

一、关于课堂板书

霍光武（以下简称"霍"）：最近我们在上海、杭州培训，听了许多高端课，发现课件越来越漂亮，课堂越来越精彩，可是一些传统的东西丢了，特别是黑板板书难得一见。

钱老师（以下简称"钱"）：语文教师的课堂板书，是对教学内容提纲挈领式的演示，可以帮助学生更好地理解、记忆教材要点，是课堂教学的重要组成部分。好的板书，老师一手流畅、潇洒的粉笔字，对学生的书写更具有示范作用，同时也是一种美的熏陶。制作得再好的课件也不能替代老师的板书。现在的语文教师课件做得很漂亮，却很难写出一手漂亮的字，有些歪歪扭扭的板书简直"惨不忍睹"，甚至还有错别字或笔顺错误。记得我在中学读书的时候，国文老师都懂书法，他们往往同时又是书法老师，指导学生每天练习大小楷（毛笔字）。这个传统现在都丢弃了，是十分可惜的。但我想，语文老师至少应该关注一下自己的书写，能写一手大体过得去的板书，尤其不要忽视板书对学生书写乃至语文学习和审美趣味潜移默化的作用。

谈话间，老人家当即为我挥毫题字："为人师者，不失其赤子之心者也。钱梦龙"。他还给我们每人赠送一本《钱梦龙与导读艺术》，并在扉页题字："光武老师指谬 钱梦龙"。题字一气呵成，苍劲有力。

二、关于语法教学

霍：语法教学，渐渐退出了语文阵地。我们的学生说话、作文，常有语病，却不知错在哪儿。语文教师却不敢大胆去讲语法知识，语法教学退到了很尴尬的境地。

钱：不光是语法，语文知识都有这样的"尴尬"问题。语文课究竟该教给学生哪些知识，不仅语文教师心中无底，连语文教科书的编者，乃至语文课程标准的制订者都说不清楚。语文作为一门课程，竟然没有知识框架的支撑，实在是一件不可思议的怪事！

过去语文教学上有个"八字宪法"，叫做"字、词、句、篇，语、修、逻、文"。尽管分类不大科学，有些概念交错，但大体包括了语文知识的基本门类，现在一些专家们比较强调程序性知识和策略性知识，而把文字、词汇、语法、修辞之类的所谓"陈述性知识"看作"死知识"，不但不重视，甚至排斥，这就造成了语文课程没有知识框架的怪现象。

现在语文课程标准已经作了修订，结果怎么样，还不知道，但估计在这方面不大可能有根本的改变。

霍：学生学一点文字知识，可以帮助纠正错别字；学一点语法知识、修辞知识，对于写作，也有一定的帮助。学生那点语法知识还是英语老师教的，是英语老师抢了语文老师的饭碗！

钱：我们要理直气壮地进行语文知识（包括语法知识）的教学。当然不是重复过去那种烦琐、刻板的教法，但一些最基本的语法规则、修辞知识、文学常识等等，学生还是应该懂一些的，而且最好大体有一个粗略的框架。上世纪八九十年代有人喊出"淡化语法"的口号，作为对当时语法教学教条化、烦琐化的一种反拨，有它的积极作用，但现在则把所有的汉语知识淡化到了可有可无，甚至完全"淡出"的程度，则又走到了另一个同样有害的极端。我估计，这种状况，若干年后，可能又会作为一种偏向来纠正。现在语文老师教一篇课文，不知道什么知识该教，什么知识不必教，取舍之间，全凭教师个人随意确定，这种不正常的状况大概是语文课程所独有的。语文教学的这种"无政府状态"如不改变，想要真正提高语文教学质量，难啊！

霍：记得二十世纪五十年代初期，《人民日报》曾发表社论《为纯洁祖国的语言而斗争》，那时语法教学非常被重视。

钱：是的。那时吕叔湘、朱德熙先生还为此特意编写了一本《语法修辞讲话》，对推动全社会的语言规范化发挥了很好的作用。后来中小学的语法修辞教学弄得过于琐碎，脱离了语文应用的实际，结果是把自己逼进了死胡同；但这不是语法修辞本身的错，而是教得不得当造成的。我们现在要纠正偏差，可不能把孩子当脏水一起泼掉呀！何况现在语言在不断发展，出现了不少新的语法现象，它们正不断融入到新的话语体系中来，像名词前直接加副词，如"很中国"，过去肯定认为是语法错误，但现在大家都已接受了这种新的词语搭配方式。语法本来就是一种约定俗成的东西。我们的语文教学是不是也要让学生懂得语言的这种新变化？

总之，现在要理直气壮地讲祖国的语言文字。我们这个民族，思维总是不大成熟，过去在政治上忽左忽右，学术研究上也是潮起潮落，一会儿提倡，一会儿反对，摇来摆去，还美其名曰"矫枉必须过正"，殊不知一"过正"，又得"矫枉"，就这样矫来矫去，始终找不到一条"正道"。我们的语文教学，几十年来就是这样的起起落落。希望我们的思维快一点成熟起来。

三、关于自主学习

霍：您在1980年代初就提出了"学生为主体"的教育理念，主张语文教学要培养学生自主学习的能力，您怎么会有这样的超前意识？

钱：从我个人的切身体验来说，我感觉到，一个人自主学习的意识、兴趣和能力，对一个人发展的重要性是怎么强调都不会过分的。一个人的成长乃至成才，主要靠自学。听说北师大已故的叶苍岑教授生前曾十分感慨地发问：现在全国知名的几位语文教师，魏书生、宁鸿彬和钱梦龙，为什么都不是我们师范大学培养的？其实道理很简单：叶先生举出的这几位都是靠自学走过来的，魏书生和我只有初中学历，宁鸿彬大概是高中毕业，这些"学历不合格教师"之所以能在语文教学上走出自己的路，正是他们自学的经历使他们体悟到，语文教学中最重要的一件事，不是向学生"奉送"知识，而是培养学生自己猎取知识的兴趣、能力和习惯，正是这种体悟，使他们不期而然地悟得了语文教学的"真谛"。叶圣陶先生说："学生须能读书，须能作文，故特设语文课以训练之。最终目的为：自能读书，不待老师讲；自能作文，不待老师改。老师之训练必作到此两点，方为教学之成功。"我们这些"学历不合格教师"从自身成长历程中悟出的教学理念正好与叶老的思想不谋而合。这就是对"叶问"的回答！

就拿我来说，我在读初中一年级时，就养成了读书、买书、藏书的习惯，当时我是班级里唯一有个人藏书的初中生。一部被我翻烂了的《辞源》，成了我读书自学的唯一指导老师和见证人。因此，当我这名初中毕业生阴差阳错地成了一名中学语文教师时，很自然地把培养学生的自主学习能力作为教学的首要目标。1979年，我提出了"自读"、"教读"这些概念，1981年又从中提炼出了"学生为主体，教师为主导，训练为主线"的教学观，当时国内好像还没有人这样提过。近期国务院通过的《国家中长期教育改革和发展规划纲要（2010—2020 年）》明确指出教学要"以学生为主体，教师为主导"，而这正是我在 30 年前就提出的，你刚才说我有超前意识，也有朋友认为我有"前瞻性"，其实我只有"后瞻性"，因为我的这些教学理念完全是从自己少年时代的自学历程中悟出的。

四、关于教材编写

霍：现在的语文教材，除人教社编的以外，各省市也在编，您认为现在的教材质量怎么样？

钱：现在语文教材的确编得很多，质量当然也有高有低，我没有全面看到，所以很难说三道四。但从我看到了的几套说，总觉得语文课本不大像语文课本，倒像是一本人文杂志。翻开目录，一个个按主题编排的"单元"，就像是杂志的一个个"栏目"。按主题来组元，这种教材编起来最方便：先确定一个个主题，然后围绕这些主题配置一些相关的文章，再编几道思考练习题，一本语文教科书就出来了。主题与主题之间、课文与课文之间，似乎没有什么科学的体系和序列，一篇文章可以放在低年级教，也可以放在高年级教，随意性太大。前不久听了一堂初中一年级的语文课，教材是徐志摩的《再别康桥》，记得这首诗本来是高中教材，现在成了初一的课文。《再别康桥》过去作为高中教材的根据是什么？现在作为初一教材的根据又是什么？谁也说不清楚。这种无序状况，在人教版教材和一些省编教材中都存在。教材究竟该怎么编？它要不要有序列？要有怎样的序列？这些问题都应该认真研究。

霍：一些传统课文，如《老山界》《七根火柴》，从形式到内容，都是非常好的文章。可是许多教材不见其踪影，非常庆幸的是，这次来上海，发现上海版语文教材保留了《七根火柴》。

钱：各个地区都在编教材，一纲多本，多纲多本，自由竞争，优胜劣汰，这个设想当然很好，关键是各个省市不要在经济利益的驱动下实行地方保护。我个人的感觉是，各地教材大多编得比较仓促。过去教育部有个中小学教材审定委员会，组成人员有大学教授、中小学教师，现在大概只有大学教授了。大学教授当然学问大些，但他们不熟悉中小学教学实际，审查中小学教材难免隔靴搔痒。上海的教材也是很仓促地赶出来的，编辑班子是临时搭建的，而且都是业余的，平时都有教学任务，不可能全力投入编辑工作。这样仓促编出的教材，只能边用边改，因此教材年年在变，老师意见很大。

各地都在编教材，但我知道都没有专业队伍，跟上海的情况差不多。就我所见的几套地方教材，编辑思路也大同小异。过去叶圣陶先生编教材，选文不仅要文质兼美，具有可读性，可教性，而是必须是经过时间考验的好文章。这种严谨的工作作风，现在只能让人在追思中深深怀念了。

五、关于语文教师的语文素养

霍：有人说，要提高学生的语文素养，语文教师先要提高自己的语文素养。现在 80 后、90 后的语文教师传统文化的积淀不够，是不是影响他们语文素养的提高？

钱：确实，语文老师自身的语文素养，是上好语文课、提高学生语文素养的"关键之关键"。现在大陆的语文教师比较欠缺传统文化的积淀，在台湾，中国传统文化没有丢。我们这一代"30 后"语文老师，上学时读的课文以文言文为主。那时一个学生到高中毕业，基本上已有了一定的传统文化的积淀。现在的中学生文言文读得很少，教材里选几篇只是聊备一格而已，因此那些 80 后、90 后的中学语文教师，自己文言文就读得不多。前不久，刘国正先生在一次会上建议语文教材增加文言文的比重，我很同意。文言文是中国传统文化的载体，那些传诵至今的古代散文、诗词，是久经时间考验、常读常新的精品，让学生适当多读一些，有利于从根子上提高学生的文化素养。但不是读什么《三字经》《百家姓》《千字文》，读这些东西我不大赞成，听说有的地方还让初中生读"老子"，小孩子读"老子"，这不是开玩笑吗？完全是在赶时髦。至于文言文读多少为好，需要论证。我认为低年级可以多一些，因为一个人在十五六岁以前，记忆力好，便于积累。至于我们语文老师的古文修养，我看能够熟读《古文观止》再加上《唐诗三百首》《宋词三百首》，就有了一个可以提高的"底子"，以后再根据个人的兴趣任意选读一些古代诗文就大体"够用"了。语文老师的文化积淀不够，一般的文言文没有注解就看不懂，你再讲什么教学方法都是白搭。

六、关于精神家园

霍：记得您曾在一篇文章里说过，语文教学是您的"精神家园"，您能具体说一说吗？

钱：在语文教学中，我一直在探索、思考着一些问题。我认为自己是一个"思考型"的教师。这次我在成都作讲座，讲题是"我思故我乐"，副题是"从我的教学研究说到教师成才"。我偷了笛卡尔的那句"我思故我在"，改头换面一下，变成了我的东西（笑）。我这个人，从 27 岁开始，由于说话不慎，"运交华盖"，一路磕磕绊绊走过来，直到 1980 年被评上特级教师的时候还是个"摘帽右派"。但无论处境怎样艰难，怎样狼狈，只要我仍在讲台上，就没有停止过对语文教学的思索和追求。正是这种思索和追求，使我在屈辱困顿中依然能够保持"苦中得乐"的心情。语文教学，是我始终快乐耕耘着的一方小小的"精神自留地"，说得冠冕些，叫做"精神家园"。

我在成都为什么要讲这个题目？因为现在的语文教师普遍有一些职业倦怠：工作负担重、考试压力大，独生子女难教，教学效果不显著等等，很多老师把教学工作视为负担，教得兴味索然，教学当然就难出成果，弄得自己心情也不好。因此，我希望通过自己的现身说法，让我的年轻的同行们也能在不断的求索中获得一份精神的愉悦。我总想，一个人快快乐乐地活着是一种活法，愁眉苦脸地活着也是一种活法，同样是一种活法，那我们为什么不选择前者，快快乐乐教语文呢？

七、关于语文反思

霍：1998年曾经有过一场语文教学的大讨论，您现在怎样看当时的这场讨论？

钱：1998年语文教学大讨论，首先是由文学界的一些朋友发动的，他们对中小学的语文教学大举挞伐，批得语文教师一个个灰头土脸（钱老一脸的沉重）。但我们如果冷静、客观地反思我们的语文教学，不得不承认语文教学确实存在不少问题，比如教得太死，应试的操练严重扼制了学生的创造性思维和个性发展。语文与其他学科不一样，比如数学，知识内容清清楚楚，只要把学生教懂了，再辅以必要的练习，就会出成绩。但语文教学到底要教什么、怎样教，却找不到内在规律。前不久我去北京参加全国中语会成立30周年座谈会，大家议论到这件事，都感到有些无奈。过去语文教学"人文性"比较少，教一篇课文，老师一口口嚼烂了喂，学生不会独立思考，只会记"标准答案"。但后来，"人文性"又张扬过度，那些语文基本的东西却丢失了，现在许多语文课，听不出究竟是语文课，还是人文课或社会课。这些都值得好好反思。但反思不是目的，是为了从两个极端中找到一条中正之路。

八、关于语文评课

霍：您大概经常应邀参加评课，您认为一堂课好不好的主要标志是什么？

钱：我评课不是评这个老师课堂上表演得怎么样，而是看学生究竟学得怎么样：他们从课文的阅读中是否真正有所领悟？他们增长了哪些知识？他们的语文能力是否得到了锻炼和提高？总之，一堂好课首先表现在学生学得是不是主动，其次要看学生学得是不是有效率、有兴趣。

有人以为，课堂气氛活跃就体现了以学生为主体。这是一个误解。所谓"课堂气氛活跃"，不一定表明学生学得主动。有时学生的思维被一个个没有多大思考价值的琐碎问题牵着走，表面看发言热烈，其实学得并不主动。什么是学生为主体？学生要有较强的自主意识和自主学习能力，能在老师必要的帮助下，经过自己的努力读好一篇课文。我认为，真正的评课，最好是在课后走到学生中去，实实在在地了解一下：学生究竟从这堂课上领悟了什么？学到了什么？又学会了什么？……

　　幸福的时光总是短暂的。钱老师侃侃而谈，意犹未尽，时钟却悄悄指向 11:40，我们不忍再打扰老人家，依依不舍地离开了公寓。

　　（这篇访谈录是霍光武老师根据访谈录音整理成文的，谨此致谢！）

与常熟市部分语文教师座谈纪实

　　周志强：叶圣陶以前曾强调语文的"工具性"，是不是他有意识地不提"人文性"？您是如何看待语文教学的"工具性与人文性"这一问题的？

　　钱老师：这里我要谈谈我的看法，我是根本不赞成"工具性与人文性的统一"这种提法的。我在文章里谈到过我的观点，"工具性与人文性的统一"这是一种二元并列的表述方式，"工具性"一元，"人文性"一元，虽然说两者是统一的，但给人的印象则是两个东西，两者可以统一，也可以不统一。你看语文教学三四十年来，两个"性"一直在打架，一会儿"工具性"压倒"人文性（过去叫思想性）"，一会儿"人文性"压倒"工具性"，不是东风压倒西风，就是西风压倒东风，总是没有走到一条正道上来。我看世界各国的语文教学，都没有如此定性，一定性反而把简单的事情复杂化了。我们关键要弄清一个问题：语文教学是干什么的？语文教学是教祖国的语言文字的，就是让学生掌握我们本民族的语言。其实，语言本身是划分不出什么"性"来的，它是一个有机的整体，如果说它是工具的话，那也是饱含人文内涵的工具，不同于一般物质工具。"工具"和"人文"不是两个可以并举的东西。有人说，钱老师还留恋着"工具性"。其实，我对"工具性"的提法也并不赞成。20世纪60年代为什么提出"工具性"？因为当时的语文完全是政治的奴仆，完全是为政治服务的。当时政治挂帅，语文课成了"政文课"，学生语文能力明显下降。上海的《文汇报》首先发起讨论"语文教学的目的任务到底是什么"，这次讨论就是为了避免语文沦为政治奴仆的倾向。由于语言自身的工具功能，所以就提出"工具性"来，强调语文是工具，不是政治的附庸。"工具性"提出以后，老师们就理直气壮地抓字词句，抓阅读和写作训练，在当时这是有积极意义的。但如今时过境迁，政治对语文教学的干预已不像当年那样强势，再坚持工具论并无必要。不过话说回来，语文（语言）说到底还是工具，尽管你说两"性"统一，但"工具性"还是放在前面，没有工具，人文就无从附丽。现在既然大家都承认了"工具性与人文性的统一"的提法，我也就姑且承认它。问题在于，怎样才能实现"两性统一"。我的观点是，只有把学生引导到一个语文训练的过程中去，让学生在理解语言的过程中感受、品味语言内含的思想美、人文美，这样才能真正实现"工具性与人文性"完美的统一。

刘志军：我现在有个困惑，对我们广大一线语文老师来说，一篇课文教了好多遍了，教不出新意来了。请您谈谈怎样才能做到常教常新？

钱老师：我想先谈谈我对文本解读的观点。现在的文本解读有个倾向——越深越好，越新越好，以致深得荒腔走板，新得面目全非。譬如有位新生代的名师教《愚公移山》，学生讨论下来说愚公是个阴谋家，是个坏老头。愚公说"子子孙孙无穷匮也"，老师问，如果子女一代代下来，到美国去了，或者他的子女里面没有男的，都是女的，那怎么办？课上还播放了采访两个外国人的录音，让他们谈谈对愚公的看法，外国人说这是个疯老头，一个快九十岁的老头想移走两座大山，还不是发疯了吗！这位名师端给我们的，是一盆味道怪异的"中西拼盘"。语文课怎么能这样上呢？首先他没有弄明白，《愚公移山》不是纪实文学，不是历史故事，它是寓言。寓言的人物和故事都是虚构的，它不是要表现这个人物，而是要通过虚构的这个人物和故事，来表达一个道理，寄托一种思想，神话、童话都是这样的，如夸父逐日、精卫填海，等等。你把虚构的人物作为现实人物来批判，那么愚公当然是个疯疯癫癫的怪老头，怎么可能子子孙孙一代一代都去移山呢？他把传统的东西全部颠覆了，认为这样解读才有时代气息，才有深度和新意，却把这个寓言本来应该有的价值丢掉了。

几种文本解读方法我们要区别开来。一种是社会解读，社会上的人看文本是自由自在的，爱怎么看就怎么看，一千个读者可以有一千个哈姆雷特；第二种是文学解读，用文学这种专业的眼光来看作品，那么要挖得深一点，要读出一点新意，有时还要考证作者的生平，联系写作的背景，等等。还有一种叫教学解读，是语文老师在课堂上对学生进行的解读。教学解读与社会解读、文学解读的不同之处在于，**教学解读是目中有人（学生）的解读**，它的解读深度要根据教学对象来确定，教学对象不一样，解读的深度也不一样，并不是越深越好，更不能一味求新求怪，语不惊人死不休。我备课时，始终把学生放在心里，因此我的解读深度是因学生而异的。我教《愚公移山》时，教学对象是初一的学生，我就挖掘这个寓言传统的意义，而不去涉及"愚公为什么不搬家"之类的问题。我坚持的是教学解读，就是根据教学的需要，根据学生的认知水平，恰到好处地将文章解读到一个深度。我认为"深度深度"，就是要深而有度，这个"度"就是学生的认知水平。

周志强：顺着钱老师您刚才讲的内容，我想您提出"以学生为主体，以教师为主导"的教育思想，是不是意味着在课堂教学中最重要的不是让学生获得一个结论，而是获得这个结论的过程？

钱老师：是这样，学生获得结论的过程非常重要。在老师的指导下，学生经过自己的阅读，经过自己的思考，获得一个结论，这比老师灌输给他们效果要好得多，因为他不仅获得了结论，而且亲历了一个"求知"的过程。这对学生的成长、对他们的后续发展来说，无疑比记住一个结论要重要得多。（周插话：结论不一定要出人意料。钱老师答：对。）

钱建江：我看到您曾撰文明确地反对在每一节语文课的课时教学计划中写明"三维目标"，对这一点我也深有同感。我在《阅读教学的"瘦身"策略》这篇文章中正好也谈了这个问题。今天，我想再听听您对"三维目标"在语文教学中的设计与体现这个问题的看法。

钱老师："三维目标"是课程总的目标，不是每一堂课都应这样的。现在老师写教案，都把"三维目标"写到教学目的中去，我觉得这是一种非常可笑的操作方式，一堂课怎么可能把这三个目标全部包含进去呢？而且"过程、方法"算是什么目标？严格说起来，"三维目标"不能构成一个三维的整体，三者并不是同一逻辑层面上的东西，我对这个提法是不大欣赏的。上阅读课就是教会学生怎样阅读，课文读好了，语言把握了，并且从语言学习中获得了精神养料，这就可以了，语文教学就是这么简单的一回事，不要搞得复杂化。课程标准最大的问题就是把简单的语文教学搞得复杂化了。有的老师头脑比较清醒，始终能看到本质的东西；也有的老师就被它搞得糊里糊涂了，分不清东南西北，不知道路在何方。

张　立：现在有一种现象颇让人费解，语文老师中真正通读《语文课程标准》的没有几个人，只是在写论文的时候把它翻出来，甚至只是引用里面的只言片语。那怎么样才能让课程标准跟我们老师平时的教学实践对接起来，真正成为指导我们一线教师教学的标准？

钱老师：这个课程标准其实还是个教学大纲。国外有的课程标准非常具体，这篇课文要教什么，这个阶段有哪些知识要学，要完成什么样的教学目标，课程标准都有明确的要求，因此教师就必须要拿着它。我们的课程标准没有这些，它只是比较笼统地告诉你语文应该怎样教等等，而且大多又说得很抽象、笼统，比如，"语文素养"是课程标准中提到的一个重要概念，但究竟什么是语文素养，怎样提高学生的语文素养，课程标准里则找不到任何提示。基层老师大多务实，对这样笼而统之的课程标准当然不当回事了。这不能全怪老师。

钱建江：您说过，语文导读法是一种"有预谋地摆脱学生的策略"，这是很经典的一句话，请您阐述一下您是如何"有预谋地摆脱学生"的？

钱老师："有预谋"就是预先要考虑好我的最终目的是要摆脱他，所谓"摆脱"，其实就是培养学生的自主性，学生完全自主了，就不要依赖老师了，从老师的角度说这就是"摆脱"了学生。我把学生的学习分成几个阶段：依赖阶段、半依赖阶段、准自主阶段、自主阶段。我们的目标就是要教会学生自己学，从"依赖阶段"上升到"自主阶段"。叶老说"教是为了达到不需要教。"这句话是非常经典的，我的话是根据叶老的话演绎出来的。只是我的这句话说得俏皮了一点。有些老师没有"预谋"，也就是没有计划。我不知道在座的各位平时有没有"预谋"，对如何逐步"摆脱"学生有没有一个大体的打算？很多老师可能没有这个"预谋"，只管一篇一篇课文漫无方向地教下去算数。这样教，要真正达到叶老说的"不需要教"的目标是不可能的。

顾丽芳：我来自小学，但我觉得小学、初中甚至高中的语文教学在本质上应该是相通的。像钱老师您的"三主"思想——学生为主体、教师为主导、训练为主线，哪怕是对于低年级的语文教学，这"三主"的理念也是非常适用的。尤其是"以学生为主体"的理念，把学生的积极性、主动性激发出来了，这对于改变传统课堂中的诸多弊端能起到推动作用，课堂气象会有很大的改观。几年来我一直在尝试让学生做"前置作业"，我发现学生的主动性被激发出来之后，课堂上生成了更多的精彩。老师教的少了，但是学生收获的似乎更多了。

现在的学生接触的东西很多，课前对教材的了解已经不少。那么原来老师预设的教案可能已经不适应学生上课时的具体学情了，这需要老师重新调整。这样的课堂与传统的"基本预设"的课堂相比，对老师而言就更具挑战性。我想请教钱老师，您在教学中是如何处理预设与生成的关系的？

钱老师：你有"前置作业"，我有"三主三式"，"三式"中有个"自读式"，学生在老师教之前要先自读文章。你的"前置作业"是有题目的，我的自读是没有题目的，就是让他们按照读文章的一般思路来读。但是我有要求，刚刚入手读的时候有几个步骤：1. 字词要自己解决，这叫"认读"，认读的同时感知文章大意；2. 辨别文章的体裁，因为不同体裁的文章有不同的读法，这叫"辨体"；3. 要从三个方面自问自答：这篇文章写了什么？怎样写的？为什么要这样写？这叫"定向问答"；4. 要提出问题，学会深思质疑；5. 最后是归纳总结。初中或高中一年级的学生，尤其是初中一年级学生，阅读训练刚起步，尚处于"依赖阶段"，我就严格要求学生按照这个"规格"去读文章，这叫"入格"。当学生比较熟练地掌握这几个阅读步骤以后，我就不限于此，而是让他们比较自由地阅读，这叫"破格"。总之，在我教读之前，学生先有一个自读的过程。所谓"教读"，就是让学生带着自读中的体会和疑问，在教师的组织、指导下互相交流、讨论，进一步深入文本，从而领悟读书的方法。在"自读"时，我有时候会叫他们写成"自读笔记"。你的"前置作业"，我觉得也有点相当于我的

"自读笔记"。不同的是：你出了题目，我没有题目；我有自读流程的训练，你没有。到训练后期，学生进入了"准自主阶段"，这就要求他们突破自读笔记的固有格式（破格），比较自由地写出自己的阅读感受，如评论、读后感之类。比如我教《孔乙己》，这是初三的课文，学生已经掌握了阅读的基本方法，我就请他们写一篇《一个充满笑声的悲剧》，这个题目也是他们讨论出来的。很多学生都写得很好。正好外省有一些老师来听我的课，他们随意翻看学生作文簿，看到了学生写的《一个充满笑声的悲剧》，他们对初中学生能写出这样的"文学评论"非常吃惊，当他们知道这是"自读笔记"以后，对学生能在老师教之前就能写出这样的文章更加吃惊，当时就借了好几本作文簿去复印。这说明，学生经过从"入格"到"破格"的训练，是完全可以达到"不需要教"这个终极目标的。总之，语文教学的一个基本目标，就是教会学生读书。学生喜欢读书了，会读书了，能自己从书里获取精神养料了，还能在课外主动找些书来读了，语文教学就成功了。

顾丽芳：现在有一种观点认为，语文教学就是要让学生会写文章，提出"写本位"。钱老师您对这种说法怎么看？

钱老师：写文章是要从阅读中获得养料的。你说的"写本位"，使我想起过去北京的景山学校提出一个口号，叫"以写作为中心组织语文教学"，后来大家都认为这种提法取消了阅读的独立性，在理念上有偏颇。其实景山学校是十分重视阅读的，只是这种提法给人"偏颇"的感觉。其实读是吸收，写是倾吐，关键在于老师要处理好两者的关系，既要看到阅读与写作相对独立性的一面，又要看到它们密切联系、相辅相成的一面。关于"读"和"写"的关系，过去有句话叫做"合则两利，分则两伤"，这是很有道理的。上面我说到学生写自读笔记《一个充满笑声的悲剧》，不正是一个读和写"合则两利"的例子吗？语文教学的口号太多，这也是使语文教学越变越复杂的原因之一。

居文进：您在 20 世纪 80 年代初期就提出了著名的"三主"思想，这一思想影响深远。尤其是"训练说"，个人以为深谙语文教学的规律。时光如梭，如今已过去 30 多年。我想请问，在当前新的语文课程标准出台的背景下，您对您的"训练说"有什么新的思考和认识，它有什么新的内涵和发展？

钱老师："课标"淡化训练，贬低基本技能和基础知识，已造成了对语文教学的不利导向。关于"训练"问题，说来话长，不便在这里展开。你们可参阅我的《说"训练"》一文。

居文进：有人这样评价：找准牵一发而动全身的"焦点问题"是钱氏课堂教学的关键所在。您在以往的教学实践中是如何很准地找到那个牵一发而动全身的"焦点问题"的？您对教师的提问艺术持怎样的看法？

钱老师：教师能不能提出牵一发而动全身的"焦点问题"，关键在于教师自己会不会读文章，能不能抓住文章的重点、要点、关键点。如果教师自己不是一位"善读者"，只会靠教参"吃饭"，他又怎么可能成为"善教者"？当然也就不可能提出有质量的问题。我教语文，始终把提高自己解读文本的能力放在个人修炼的首位。老师自己善读文章，能读出真切的感受，再辅以对学生认知能力的准确"把脉"，自然就能提出有思考价值的问题。提问的"艺术"，其实不是一个单纯的艺术问题。

陈汝虹：教学文本解读应如何定义？在将教师文本解读转化为教学文本解读时，应注意哪几个方面的问题？

钱老师："教学文本解读"就是为了教学的需要而解读文本。它与"社会解读"、"文学解读"的主要区别在于它解读的内容与难度受教学对象的制约，因此它是一种"目中有人"的解读。比如鲁迅的《故乡》是初中教材，解读时教师就要适应初中学生的认知水平；小学教材里有《少年闰土》，是《故乡》的节选，教师解读的内容与难度就应该与初中有所区别。因此，教学解读是一种"不自由"的解读，既要正确地阐释文本，又要受制于教学对象，不能像社会上一般读者那样随心所欲地解读文本，也不能像文学解读那样刻意求深求新。

现在有一种时髦的提法，叫"深度解读"，这个提法本意是不错的。解读文本当然不能仅仅触及皮毛，流于肤浅；但所谓"深度"，却是一个内涵不确定的模糊概念。怎样解读才算有"深度"，并无标准，于是教学中出现了刻意求深、为深而深的现象。这种现象在一些"新生代"名师的教学中尤为多见——他们从文本中往往"深挖"出一些惊世骇俗的思想，自炫深刻，也确实能博得一些年轻同行的喝彩。比如有位名师执教朱自清《背影》时，完全颠覆了"父子情"的传统解读，认为《背影》写的不是父与子，而是生与死，是那不能承受的生命之轻；正因为生命轻，所以才要珍重生命，《背影》的教学变成了一次生命哲学的教育。如此求"深"，朱自清如果泉下有知，恐怕也要大吃一惊了。

这些貌似深刻的解读，有一个共同的特点，那就是不看教学对象，为求深而求深，语不惊人死不休，目的不在于踏踏实实地教会学生读书，而在于展示教师个人的才华、素养；这种解读，除了让学生和听课者自惭浅薄、对执教者佩服得五体投地而外，还能有什么结果呢？

陈　丹：学生自身水平和学习习惯存在差异，在目前的班级教学中，教师如何尽可能的关注到每一位学生的学习情况？

钱老师：这要靠老师的爱心和责任感，有的老师建立"学生学习档案"，让每个孩子自己定期（比如每周一次）记录学习情况，教师定期收阅，给予鼓励、督促，是一个便于实行的办法。

陈　丹：近来频传语文高考加分的消息，对于一线教师来说喜忧参半，喜在考试分值的提高进一步提升了语文的地位，忧在语文教学特别是在应考方面将面临新的困难。您对此有何看法？

钱老师：语文高考加分并不是"治本"的办法，即使语文的分值增加了，但如果语文教学仍然围着考试的指挥棒打转，语文的学科价值又何从体现？归根结底还是要实实在在地进行语文教学的改革，使语文教学真正定位于"提高学生正确理解和运用祖国的语言文字"这个主要目标上。

张　卫：钱老师在教学时很强调"由表及里，表里反复"，我想请教在设置教学层次时，如何把握教机，因势利导，适应学情变化，同时又能深浅结合，完成教学目标？

钱老师：所谓"由表及里，表里反复"是解读文本的一种策略，也就是要求学生"在文章里走几个来回"，其实就是过去常说的"循文悟道，因道悟文"。具体地说，就是要教会学生从文章的"表"，即语言文字（词、句、段、篇）入手，进入文本，初步了解作者说了些什么；然后再回过头来细细揣摩作者是用怎样的语言文字（词、句、段、篇）来说的，以及为什么要这样说。这就在文章里走了一个来回，也就是一个"由表及里，由里反表"的过程。一些阅读难度较大的文章，常常要走几个来回（表里反复），才能逐步加深理解。语文课的一个基本任务，就是要引导学生在阅读中逐步掌握这些阅读策略和方法，最后达到"不待老师教"而"自能读书"的目的。

洪　榴：合作学习是"新课标"提倡的学习方式之一，但是因为之前流于形式，很多老师都"避而远之"。请问钱老师对"合作学习"有怎样的看法，在教学中教师如何引导学生开展有效的合作学习？

钱老师：1. 合作学习是以个体学习为基础的，如果没有有效的个体学习，几个人凑在一起"合作"，注定无效，只能使合作学习流于形式；2. 合作必须有一个难易适中并真正能引起学生思考、探究兴趣的课题或中心；3. 教师要关心每一个合作小组的活动，随时给以指导。现在有的学校规定每堂课必须有合作学习。这种为合作而合作，很容易流于形式，并不可取。

洪　榴："朗读"作为最基础、最重要的语文能力之一，课堂上有被简单化、表面化的现象。每位老师都会在目标中列上"正确、流利、有感情地朗读课文"，然而在实际中却操作简单，且没有实效。请问钱老师如何开展朗读教学？

钱老师：1. 朗读应以解读文本为前提，只有对文章内容和作者的思想感情有了比较深切的理解和体会，才能真正读出感情；2. 要多观摩朗读的录音、录像，听教师和优秀学生的示范朗读，让学生有所取法；3. 教给学生必要的朗读技巧，如停顿、重音、语调、语速、感情处理等；4. 除课内朗读外，可多开展课外的朗读活动，如朗诵比赛、演讲比赛、讲故事比赛等，营造一种重视朗读的氛围。

沈春媚：语文教学与文学教育主要有哪些联系和区别？

钱老师：语文教学归根到底是民族语教育，主要目标是培养学生正确理解和运用祖国语言文字的能力，并不要求学生能够创作诗歌、散文、小说、剧本等文学作品。因为语文教学不是文学教学。但语文课本中又选入了大量文学作品，教学中不能不涉及某些文学知识，因此语文教学与文学教学又有很多交叉、重叠的地方，以致老师们常常把语文教学混同于文学教学，甚至认为语文教学就是文学教学。不少搞文学的朋友也竭力鼓吹以文学教育取代语文教学，又进一步模糊了语文教学与文学教育的界限。

这里要弄清一个问题：语文课本中为什么要选入大量文学作品？因为优秀文学作品的语言是最规范的书面语言，它们是作为运用民族语的"典范"而不是作为小说、诗歌等文学体裁的"范本"而供学生学习的；学生学习这些文学作品的目的不在于学会小说、诗歌等文学作品的创作，而在于从这些文学作品中学习准确、简练、生动、形象的语言表述，以提高一般的语言理解能力和表达能力。文学作品本来就是"语言的艺术"，文学作品的教学抓住了语言这个要素，就不会把语文课教成文学课，同时也必能充分体现文学教育熏陶感染、潜移默化的功能，因为文学作品的语言不是一堆抽象的语言符号，而是承载着丰富的人文内涵的言语"成品"。

汤丽萍：我想请教钱老师，在中学语文教学中，戏剧文本的教学内容和教学方法应该如何确定？

钱老师：剧本是戏剧演出之本，但作为语文教材的剧本不是为演出而编入的，它跟小说、诗歌等文学体裁一样，也是一种供学生学习语言之用的"文本"。而剧本由于其剧情的推进、人物形象的塑造都依靠剧中人的对话，其语言必然具有口语化的特点，而且剧本每一场戏都提供了一个口语交际的现场，在这一点上它比小说、诗歌更能充分体现语言的交际功能。选入中学语文课本的剧本，大多是精品，对白写得都很精彩——有的风趣，有的机智，有的激昂，有的平实……指导学生观摩、品味、学习这些精彩的对白，有助于提高学生的语言交际能力。

当然，剧本的基本知识也可以择要讲一些（同理，教师在教诗歌和小说时也可以讲一些诗歌和小说的基本知识）；偶尔让学生排演一下以提高学习兴趣，也未尝不可。但这些都不应冲淡语言学习这个主要目标。

周　浩：在现实课堂教学中，很多学生回答问题语无伦次，语言表达不规范。教师如何培养学生回答问题的语言组织能力？

钱老师：学生回答问题语无伦次，语言表达不规范，正是语文教学长期以来不重视语言训练（书面语和口头语）的必然结果。这不是方法的问题，而是语文教学的目标取向问题。要改变这种现状，除了加强语言训练（同时也是思维训练），别无捷径可走。

华国平：钱老师，您的"三主三式导读法"奠定了您在语文学界的地位，您在文章中多次引用叶老的话，强调语文课的最终目的是培养学生"自能读书、自能作文"。然而，有人认为学生阅读能力的提升并不必然意味着写作能力的提升，对此您是怎么看的？您能否在培养学生"自能作文"方面给我们一些建议。

钱老师：1. 学生阅读能力的提升肯定有助于写作能力的提升，这是毋庸置疑的，"能读"多半"会写"。我说的"能读"，指的是真正会读文章，即能从阅读中获取语言和精神养料、领悟作文之法，而不是只会答题应试。2. 注重读写结合的训练，比如让学生仿写、续写、改写课文，写自读笔记、读后感、文章评论，等等，这样既有助于提高阅读能力，同时也是一种很好的写作训练。请参阅我的《语文导读法的昨天和今天》一文。

2014 年 4 月 10

于江苏省常熟中学

关于"荣誉"

——答教育报刊社记者问

1. 荣誉，对您个人产生过什么样的影响？

答：我意外地得到过一些荣誉，我说"意外地"，是因为它的降临不是我追求的结果，比如 1980 年被评为上海市第一批特级教师，并不是我自己申报的，多少有点"被荣誉"的意味。但它对我的影响是巨大的，对我的鞭策是有力的，我生怕自己辜负了这个荣誉称号。

2. 您怎么看社会上存在的荣誉异化现象，比如说，教师追逐荣誉是为了评职称、晋升，或者认为荣誉没什么用，不如给学生补课多挣点钱？教师荣誉感下降的原因有哪些？

答：不能不说说我的荣誉观。荣誉是一个人因为对国家、对人民、对集体做出了贡献而得到的相应的奖励，它是一个结果而不是目的，更不是个人获利的手段。但现在这些因果关系都被颠倒了，荣誉变成了个人追逐的目的，甚至成为谋取私利的手段。这不仅是荣誉感的下降，更是荣誉感的变质。

为什么会出现这种状况？

❑ 目前荣誉太多太滥，当荣誉还是一种"稀缺资源"的时候，人们自然对获得荣誉的人肃然起敬；当荣誉成了一种人人都可以轻易获取的虚名的时候，人们自然把它看轻了、看浅了、看贱了。

❑ 多年来官方树立的典型、模范人物，在宣传推广的过程中常有夸大、不实的内容，也影响了公众对荣誉的认同。

❑ 社会正在变得越来越功利、世俗、形而下，所谓荣誉，也就越来越成为了一种华而不实的东西。

3. 目前无论是官方还是民间的荣誉表彰，尽管数量众多，却都没有解决荣誉表彰的一个关键问题，就是权威性和认同度，有时甚至反而起到以紫乱朱的负面效应，国家荣誉制度的建立，能否改变这种现象？

答：我不知道国家荣誉制度将是一种怎样的制度，当然也无法对它作出评论。

但现在的问题是，愈是官方的东西，在公众的心目中，公信力就愈低。因此要解决荣誉感下降的问题，首先要改变官方在公众心目中日益变得不可信的负面形象。对优秀人物的表彰一定要实事求是，不夸大、不失实，尤其不要为了某种政治目的而去"树立"什么"典型"。

如果官方对某一个优秀人物的宣传和民间的口碑真正一致起来，那么，公众荣誉感下降的现象自然会逐渐改变。

4. 国家荣誉，对一个教师来说，意味着什么？

答：意味着：他（她）获得了一种继续做一个好教师的动力，而不是"改变命运"的机会。

5. 您认为，什么样的教师能获得？

答：我不知道"国家最高荣誉"是一种怎样的荣誉，因此也就说不出什么样的教师才能获得这种荣誉。

6. 建立教师国家荣誉制度，最核心的指向应该是什么？

答：教师的价值在于"教"，也就是"教书育人"，评价一名教师是否优秀，也应该看他（她）在教书育人方面做得怎么样。这种评价必须是一种由民间到官方的自下而上的一致评价，而不应该倒过来，更不应该掺杂其他的标准。

7. 教师获得国家最高荣誉，对社会进步、教育发展，能起到什么样的作用？能带来哪些特殊的影响？

答：如果评得好，评得准，评得精，国家最高荣誉的获得者真正成了教书育人的楷模，大家效法的榜样，当然对教育工作能真正起到推动的作用。

8. 在英国，获得最高荣誉勋章的人，无论走到哪里，都会有人对他脱帽致敬，比一般的富豪要风光得多。美国设有"国家年度教师奖"，每年从 500 万教师中选 1 个，获奖者会受到美国总统在白宫的接见，并将有一年的时间离开课堂，到各州和世界各国进行交流访问，相当于美国教育的"代言人"。您认为，国家应该以何种形式对获得国家最高荣誉的教师进行奖励？怎样提升教师最高荣誉所能产生的正面社会效应？

答：我们跟英国和美国的表彰体制不同，荣誉的"含金量"不同，因此我们和他们无法比较，但有一点可以肯定：我们距离那个目标还很遥远！

我也说不出怎样才能使我国获得最高荣誉勋章的人像在英国那样"无论走到哪里，都会有人对他脱帽致敬"。但我相信，如果我们的荣誉勋章只授予那些确实值得公众向他脱帽致敬的人，那么，那个目标其实离我们也并不遥远。

钱梦龙话成才

（问卷调查）

1. 请简单介绍一下你的基本情况和主要成果。

我于 1931 年 2 月出生，上海市人，曾读过三个月高中，后因故辍学。1949 年参加工作后，从未接受过任何形式的资格培训，所以至今仍是一名"学历不合格教师"。先后当过小学教师、文化馆馆员。1952 年开始担任中学语文教师，1980 年被评为上海市特级教师。1985 年创办嘉定实验中学，并任校长。1989 年以后参编上海市中学语文教材，后又担任教育部全国中小学教材审查委员、审定委员。现任上海桃李园实验学校名誉校长。

我从自己读书学习的历程中体会到，培养学生的自学能力对他们的后续发展具有无可替代的价值，因此应在语文教学中占有特别重要的位置。1978 年后，致力于语文教学自学模式的探索，1979 年提出由"自读式"、"教读式"、"复读式"构成的语文课堂教学"基本式"。1982 年，又在总结"基本式"教学实践的基础上进行理论概括，提炼出"学生为主体，教师为主导，训练为主线"的"三主"教学观，进而形成了以"三主"为理论导向、以"基本式"为教学模式的语文导读法整体构想。作为"三主"教学观核心理念的"主体—主导"说，提出后曾引起教育界的争鸣。1988 年获中国教育学会和《教师报》联合颁发的"全国中小学教学改革金钥匙奖"，1989 年获全国教育系统劳动模范称号，2010 年获中国教育学会、语文教学专业委员会颁发的终身成就奖。出版过几本书，主要有《语文导读法探索》《导读的艺术》《和青年教师谈语文教学》等。

2. 在你成才的道路上，谁对你的影响最大？表现在什么地方？

对我影响最大的是两位老师。

第一位老师是我的小学国语老师武钟英先生。

我从小比较"笨"，学习又不用心，在读小学五年级之前已累计创下了三次留级的"辉煌记录"，获得了"留级大王"的称号。老师们对我已不抱任何希望，我也甘心以"差生"自居，完全丧失了上进心。但我在小学五年级留级以后，有幸转到了武老师的班上。武老师凭着他的爱心和耐心，从教我查"四角号码"小字典、当他国语课的小助手开始，一步一步地唤醒了我的求知欲和自信心，使我不断品尝到学习的趣味和成功的快乐。在他的循循善诱下，我终于摆脱了"差生"的自卑心理，到我小学毕业进入初中的时候，"留级大王"钱梦龙已经是一个对知识充满着渴望的"少年读书郎"了。如果说我这一生在某些方面还算比较成功的话，那么鼓励我在成功之路上跨出决定性的第一步的人，就是武钟英老师，是他彻底改变了我的人生轨迹。

进入中学以后，幸运的我又遇到了一位极好的国文老师，他就是庄乘黄先生。庄先生知识渊博，国学功底深厚，曾在上海担任《申报》编辑，退休后被校长请来教我们国文。他是一位温和慈祥的老人，用他渊博的知识和娓娓动听的讲授征服每一个学生。他教国文特别讲究吟诵，尤其在教到精彩的古诗文时，常常拉长了声调，领我们在密咏恬吟中体会诗文的情感和韵味。他讲文章，除了一般的通释文义外，还喜欢用传统的评点法，教我们在书上圈点批注；吟诵时，每当读到加了密圈的佳句，总要情不自禁地提高了声调，甚至拍案叫好，那种忘情的神态极富感染力。我爱上文科，并选择了一条自学之路（文科是最便于自学的），可以说是受了庄先生的熏陶和影响。

3. 你遇到的最大挫折或困难是什么？你是怎样战胜它的？

最大的挫折是 1957 年的那场政治劫难。不善于隐瞒自己观点的我，在劫难逃是理所当然的。1957 年，我戴着一顶"右派"的帽子被发配农村监督劳动，不得不暂时告别我为之呕心沥血的语文教学，三年半以后才得以再上讲台。那次挫折给我的最大教益，是使我懂得了一个道理：挫折固然不是好事，尤其是 1957 年那样的挫折，决不仅仅是个人的不幸；但就我个人而言，那次挫折的确磨砺了我的意志，坚定了我对教育事业"虽九死其犹未悔"的执着和在逆境中格外渴求奋飞的愿望。可以肯定地说，我正是经历了那次挫折以后才变得稍稍成熟一点的。

4. 你取得优秀成果的主要经验和体会是什么？

对自己挚爱的事业，要以恋人般的痴情，宗教信徒般的虔诚，革命志士般百折不挠的意志，一以贯之、无怨无悔地紧追不舍。我这个人，要学历没学历，要资格没资格，要智慧没智慧，我靠的是什么？靠的就是这份对事业的执着，这份如痴如醉全身心的投入！

5. 说说你的性格特点。

宽容，平和，善良，坦率，乐观。做事力争上游，不甘于平庸；对人胸无城府，宁可失之天真。人际间无聊的是非恩怨，从不萦怀，只想集中心思做一点自以为重要的事。对既往的喜怒哀乐，近乎健忘，反倒有利于看清前面的目标。这种性格，也许正是我历经磨难而能始终保持积极向上心态的根源所在吧？

6. 你的业余爱好有哪些？

从小爱读旧体诗词、诗话、词话，偶尔手痒也写它几首，大多是遣怀寄兴之作，无关宏旨。爱读历代名帖，有时也悟出一点帖意，以此为乐；绝少临池，或应友人之嘱不得不写些条幅、对联之类，居然也能赚得外行的几声喝彩。此外就爱翻翻书，看看电视，散散步，逛逛街，聊聊天，不搓麻将，不嗜烟酒，也不刻意锻炼，一切任其自然而已。

7. 你的人生格言或对读者要说的话。

自尊，不自大；自主，不自是；自信，不自负；自谦，不自卑。

"钱梦龙从教55周年纪念暨《钱梦龙与导读艺术》首发式大会"答谢词

在准备这个大会期间，有位朋友问我：看到这么多人为了你而忙碌着，你有什么感想？

我不会说也不喜欢说豪言壮语，更不善于用言语表示感谢，再说，有的事情说一声"谢谢"，反倒显得情浅了。面对朋友的提问，脑子里首先蹦出的一句话是：这样隆重的祝贺，我确确实实感到自己份量太轻，承受不起！中央教科所尊敬的朱小蔓所长亲临指导，还有嘉定区和嘉定区教育局的党政领导和各位尊敬的专家的莅临，更加重了我"承受不起"的感觉。

这是一句大实话，也是我最真实的感受。

我是一名普普通通的基层教师，长期耕耘在教学第一线，从1951年走上教育岗位，不知不觉已经走过了55个春秋。回顾55年的粉笔生涯，我问自己：我究竟有什么"辉煌的业绩"值得这样兴师动众地庆贺？忽然发现，自己除了对教育工作一以贯之的那一份热爱、一片痴情也许还可以肯定外，实在说不出有什么"业绩"可以称道。因此，在这种过于奢侈的个人荣誉面前，我最强烈的感觉是惭愧和惶恐！

但是，当我走进会场，在大会会标上看到自己的名字的时候，却有了另外的想法。我开始觉得，会标上的"钱梦龙"这个名字，其实并不是一个仅仅属于我一个人的专用名词，而是属于"教师"这个群体的普通名词，或者说"钱梦龙"的名字作为一个符号，是所有第一线教师的代名词。因此，对钱梦龙的尊重，其实也就意味着对教师的尊重，对教师这个行业的尊重。今天会场上所有的鲜花、所有的掌声、所有的赞美言词，理所当然都是献给教师这个群体的。同时，这个集会也标志着党和政府对一个基层教师的重视，对教育工作的重视；也折射出我们国家一贯倡导的"尊师重教"的社会风尚。

说到对教师这个行业的尊重，不能不想起捷克大教育家夸美纽斯的那句名言："教师是太阳底下最光辉的职业。"这句话近期在网上正被一些教师同行批得体无完肤，甚至有位名师也在作报告时说："别相信什么'教师是太阳底下最光辉的职业'，这句话谁信谁上当，要是咱最光辉了，那国家总理怎么办？省长怎么办？市长怎么办？"这种奇谈怪论反映出这位名师深入骨髓的"官本位"思想，在他的眼睛里，一个人的"光辉"与否，取决于他官位的高低，官做得越大，"光辉"就越多。我想，当年说这句话的夸美纽斯怎么也不会想到他的这句名言在21世纪的社会主义中国会被这样解读，会遭到这种莫名其妙的责难和误解！

确实，教师的工作是平凡的，甚至是非常琐碎的，教师的待遇也不高，也没有令人肃然起敬的社会地位，在人心变得越来越功利和世俗的当代社会，教师的职业确实不像有的职业那样令人趋之若鹜。教师的职业"光辉"在哪里？一不在地位高，二不在待遇优，三不在名声响，四不在权力大，而在于教师工作的特殊的性质。

我们教师所从事的是一种怎样的工作呢？我认为它是传递人类所创造的伟大文明的工作。人类在长期的发展进程中积累的智慧和美德，就是因为有了教师的传递，才得以一代代地延续下去而不致断绝；教师是"历史上那些高尚而伟大的人物跟下一代人之间的中介人"，是"过去和未来之间的一个活的环节"，是把人类文明的种子播撒到学生心田的播种人！教师的工作是平凡的，是琐碎的，但正是教师的平凡、琐碎的工作所包含的这种特殊的意义，使教师这种职业具有了不同于其他职业的独有的"光辉"！我不敢自以为已经正确解读了夸美纽斯的这句名言，但我敢肯定地说，夸美纽斯说的"光辉"绝对不是指教师的地位高、待遇优、名声响和权力大。有人说，选择了教师，就是选择了奉献；我还要补充一句：选择了教师，也就是选择了平淡却又高贵的人生。我认为，这才是教师之所以成为"太阳底下最光辉的职业"的根本理由！

下面说说我这本小书。自我评价是：理论水平不高，正好可以用得上一句成语，叫做"卑之无甚高论"。之所以还要出版，完全是因为有关方面的组稿。这本小书是教育部师范教育司组编的"教育家成长丛书"中的一本，这套丛书总共 20 本。在全国中小学各科教师中遴选 20 位所谓"成长中的教育家"，然后每人撰写一本，最后编纂而成这套丛书。这 20 位老师中有好几位是我相识的，把他们称为"成长中的教育家"，可谓实至名归，比如今天到会的程红兵老师，丛书中也有他的一本，书名叫做《程红兵与语文人格教育》，程老师的书我拜读了，有思想、有理论、有实践，视野开阔，论证严密，是一本高水准的著作。丛书把我也列入其中，实在是有些抬举过分了。如果我这本小书也有一点差堪自慰的地方，那就是我写的都是自己读书、教书的切身体会；如果我的书里也算有一点"理论"的话，那完全是从自己 50 多年教育实践中总结、提炼、论证的结果，而不是从纸上得来的东西，也不是纯思辨的产物。就这些年我国教育研究的倾向看，从思维方式到理论资源，都是直接从西方引进的，我们只是用自己的实践来重复、印证西方学者的理论或"主义"，而缺乏甚至鄙视那种立足于自身实践的带有泥土气息、草根芳香的研究。其实，只有从自身实践中进行理论概括的研究，才是真正的研究。我最钦佩的外国教育家是赞科夫和苏霍姆林斯基。我主要钦佩他们的研究态度和研究方法。虽不能至，心向往之。我的研究当然达不到他们的高度，我也不会把他们的结论作为自己研究的前提，但至少在研究的态度上，我和他们一样真诚。当然，由于孤陋寡闻，读书太少，我的很多观点难免粗疏、荒谬，今天向各位赠送拙著的目的就是为了得到大家的批评指正。

谢谢！

关于《我的空中楼阁》的教学建议

——给一位年轻老师的信（摘编）

一

《我的空中楼阁》这种语言很有特色的文章，教师在教学时，教学重点最好放在品味语言上，要多让学生在朗读中欣赏文章的语言之美，而你的教学设计太偏重内容和章法的分析，照此操作可能教得很累，又不容易教出个性。你教此文有自己的优势：1. 你的语感敏锐，感情细腻，对文章似真似幻的意境美和色调丰富的语言美有独到的感悟；2. 你对文章由深爱而熟读成诵，教师对文章的这种感情是教好文章最重要的条件。因此，你教此文若能引导学生像你自己一样去欣赏文章的意境、语言之美，从而像自己一样去爱文章、读文章甚至背文章（片段），你的教学就成功了。这也就是我一再强调的"把语文还给语文课"的本意。教这类语言有特色的文章，尤应如此。

二

看了你的教学设计，我发现你已重视了引导学生在朗读中感悟，这是一个明显的改进。是否需要进一步加重这方面的训练？我以为尚有一定的空间可以拓展，我甚至想，这堂课就突出一个"读"字：让学生在读中悟，悟中读，直至读得有情有味，物我两忘。这样的教学，不仅有特色，而且出境界，肯定不同凡响。当然，这对你自己朗读的要求非常高，不但你自己要读得好，而且要善于抓住关键的句子，引导学生读出情味和语感。至于"绘画美"和"比喻"（可重点讲"博喻"）之类的知识，只需结合"读、悟"过程作些画龙点睛式的启发即可，不必花较多的时间让学生讨论。建议你改变一下备课的思路，不要首先考虑"教什么"和"怎样教"，自己先去感情投入地"读"和"悟"，然后考虑怎样用自己读中的感悟去影响学生，感染学生，让学生获得同样的感悟。你是否试试这样的备课思路？

三

你在备课时要把那些最耐咀嚼、最值得涵泳品味的词、句、段找出来，作为指导学生读、悟的重点，"用重锤敲打"，不要平均用力。比如，读到"眉梢痣一点"时，可顺便告诉学生：古诗词中常把女子弯弯的眉毛比作"远山"，称作"远山眉"或"远山黛"（黛是古时女子用来画眉的一种青黑色颜料）。作者把凌空建于山脊上的小屋比作女子眉梢上的一点痣，想象奇特而优美，把这些知识告诉学生，可引起学生无限的遐思。

四

关于《空中楼阁》的教学，我的意见是："反璞归真"，教风宜朴实自然，以教"读"（朗读）为主，指导学生读出韵味，读出境界。指导朗读可结合对作者情感的把握读好句中的逻辑重音、情感重音，处理好某些关键句的语气语调、音量控制等。整个教读过程，表面看是朗读指导，实质上是一个解读文章、品味语言、体验情感的过程。因此备课时要抓住最关键、最有特色的词、句、段（不要平均用力、面面俱到），琢磨怎样帮助学生从"读"中"品"出味儿。教师的"讲"和师生问答，应在读、悟的过程中随机进行，点到即可，切忌有大块"分析文章"的问问答答。最后以学生高水平的朗读（个别读、齐声读）体现教读的效果，让听课的老师在学生的"美读"声中获得审美的愉悦，留下余韵悠悠、回味无穷的美好印象。

五

虽然没看到比较详细的教学设计，但估计你已成竹在胸，胜券在握。当前你最需要的是放松，求胜之心不要太切。事情往往这样：越担心失败，就越会失败；越不在乎胜败，就越能取胜。这就是生活中的辩证法。

六

看了你的设计，我认为可以教得更朴实一些，比如你制作的幻灯片，箭头、颜色有些杂乱，容易分散学生的注意力。其实，指导学生在书上圈点关键词语也许效果更好些。有些重要的、表达方式有变化的句子，可以让学生从比较中领会作者用词或造句的匠心，如：

> 小屋恰似眉梢上的痣一点
> 小屋好似眉梢上的一点痣

两句中"恰似"和"好似"、"痣一点"和"一点痣"的比较都是很耐咀嚼的，尤其是"痣一点"，把"一点"后置，有强调的作用（朗读时要读出强调的语气），不仅突出了小屋之小，而且突出了这小小的一点恰到好处地"点破"了山的寂寞，使静态的山变得灵气飞动了。有两句诗：万绿丛中红一点，动人春色不须多。可见这"一点"的妙处。新制作的幻灯片有了改进，很好。建议再作三处修改："散文特点"应改为"本文特点"或"这篇散文的特点"；"空中楼阁"用《现代汉语词典》的注释就可以了，"海市蜃楼"的成因可略去，避免节外生枝；对"空中楼阁"的双关含义不要制成幻灯片，应让学生放开说，不要有统一的答案，制成了幻灯片就非要学生"入我彀中"不可，这反映了一种陈旧的教学观念。要学生说"本文特点"最好也不要预拟"标准答案"，而应该在学生发表意见的基础上随机总结、归纳，制成了幻灯片，答案就是教师预定的了。

切记：教学怎样设计，归根到底是教育理念的展示，切勿用现代的教学技术去包装滞后的甚至陈腐的教育理念。

七

看了你的教学设计，觉得很符合我的"导读"的理念。教学成功的关键在于选择哪些词句作为指导的重点以及如何指导，这个问题解决了，教学就已有了七分的把握，剩下的三分只是如何调整上课的心态了。面对上百成千的听课者，依然从容自如，旁若无人，是充分发挥水平的决定因素。相信你在这一点上一定有充分的自信。

以下几个问题不妨再仔细考虑一下：怎样鼓励学生？怎样激发学生阅读文本的兴趣？估计哪些地方可以形成高潮？哪些地方可能"卡壳"？怎样点拨？一堂课的时间怎样分配？总之，考虑得周全些不会有害处。

预祝教学成功！

辑五　读书·思考

因为他心里装着学生

——《听李镇西老师讲课》序

李镇西老师嘱我为他的这本集子写序，本以为是一件很容易的事，加之我与镇西非比寻常的友谊，便不假思索地答应了。但读完了他的全部教学实录，要动笔时，却犯了难：镇西的课是没法按一般的"评课标准"分析评价的！它们上得太随意、有太多的"不期而遇"和"无法预约的精彩"；只觉得处处可圈可点，却又不知圈点哪一处才好。它们完全不像通常看到的"好课"那样，显示着设计的匠心，看得出刻意的雕琢。它们就像一道山间的泉水，从高处一路自由自在地流泻下来，曲曲折折，琮琮琤琤，随物赋形，无羁无碍。这样的课，实在说不上什么"法"、什么"式"，是"行到水穷处，坐看云起时"的悠然，是"此中有真意，欲辨已忘言"的潇洒。这大概就是《老子》所说的"大音希声，大象无形"的境界——至少是镇西正在追求着的一种空灵的境界吧？

据说，在一些语文老师中流传着这样一句话："听课要听李镇西"。我没有听过镇西的课，是一大憾事；但是从这些教学实录，我仍然不难感受到镇西在课堂上那份挥洒自如的从容，那些灵光一闪的机智和幽默。听这样的课，确实是一种艺术享受。我想，很多语文教师都把能够听到镇西的课视为幸事，不是没有原因的。但是我又想，如果听课的老师只想到镇西的课上去讨一点技巧，搬一些招式，恐怕会无功而返。镇西的课，似乎很容易学，你看他每教一篇课文，无非是这样几大步：学习字词；学生交流读后感；学生质疑、讨论、解疑；老师谈自己的体会，与学生共享。这种再简单、再朴素不过的"流程"，几乎在镇西执教每一篇课文的过程中重演着，任何一位听课的老师都不难"学到手"。但镇西的课堂教学艺术又是最难学的，难就难在它不假雕琢的朴素，这使一切形式上的模仿都归于徒劳。

镇西的同事魏智渊老师说过一件事：有位语文教师一心想学李镇西上课，却屡试屡败，过度的焦虑竟使他患上了精神分裂症。这个令人感慨的实例，正好提供了"学李镇西难"的佐证。

这样说来，李镇西的教学艺术就是无法学习、不能推广的了？假若这样想，那就大谬不然了。

教学作为一门艺术，正如任何门类的艺术一样，在艺术现象背后总蕴含着某种对艺术家的创作起支配作用的艺术法则，即使是最怪诞的西方现代绘画，也不能不受色彩和体积感两大因素对立统一法则的支配。我们听镇西上课，若能透过其异彩纷呈的教学艺术表象，追寻其教学思路的轨迹，就不难发现他的教学异彩纷呈的根本。这根本，就是规律，就是对镇西的教学艺术起支配作用的基本法则。

学李镇西，就要学习他的根本，学习支配他的教学行为的思想、理念、教育价值观，而不是徒袭皮毛、仅求形似的仿效或移植。白石老人说："学我者生，似我者死。"这话同样适用于学习李镇西的教学艺术。

任何一本教学论的书都告诉我们：成功的教学必定是"目中有人"的教学。镇西的过人之处，也就是最值得我们学习之处，就在于此："人"不仅在他的"目"中，而且进入了他的"心"里；不仅进入了"心"里，而且占据着"中心"的位置。他教学中的所谓"随意"，不是那种随心所欲的放任，而是对一切束缚学生个性、漠视学生权利、不利于学生发展的"规范"的藐视和反叛。他是"很功利"的，一切教学行为都是为了谋学生发展的"利益"。在他心灵的那杆秤上，无论怎样高深的理论、无论怎样必要的规范，都必须服从、服务于"学生发展"这个最高利益。如果这些理论、规范对学生的发展不利，它们便是无足轻重的伪理论、应该被推倒的死规矩。在学生发展的利益普遍被漠视、被剥夺的今天，镇西的教学中那些"出格"的行为，就显得格外可贵，也给予我们更多的启示。

且看镇西怎样教《祝福》：原定 3 课时结束，可是学生精彩的发言此起彼伏，直到第 3 课时快下课了，镇西还没有捞到发表自己观点的机会。怎么办？是坚持自己的课时计划及时刹车，还是坚决维护学生的话语权？镇西选择了后者。为此他不得不临时改变课时计划，由 3 课时延长为 4 课时。这在严格遵守教学规范的教师看来，无疑这是一处明显的"败笔"。但镇西是怎样想的呢？他说："尊重学生，这不是一句空话。当学生的思想正在熊熊燃烧时，教师不能为了表达自己的思想而扑灭学生的思想火焰。"

这就是李镇西！

第 4 堂课的处理更是出人意料：你听他侃侃而谈，从旧礼教杀人，谈到今天新礼教对人的思想的扼杀，整整一节课，除了少量的师生问答，基本上是他的"一言堂"。如果请某些专家评课，这样的课就恐怕不仅是"败笔"，简直是教学的"致命伤"。有的地区评选优质课，不是硬性规定凡教师的"讲"超过 15 分钟就"一票否决"吗？一贯尊重学生自主权的镇西为什么敢如此大胆，公然挑战语文教师普遍遵奉的金科玉律？镇西的回答是："怎样有利于引导学生的思考，怎样有利于调动学生的感情，怎样有利于激发学生的智慧，怎样有利于学生走进作品，走进作者，走进鲁镇，进而联想到今天的时代，甚至联想到自己，我就怎样上。"一言以蔽之：一切为了学生发展的利益！

这就是我所认识的李镇西。一个心里真正装着学生的李镇西。一个有信念、有追求、有胆有识的李镇西。

谓予不信，有他的全部教学实录为证。

是为序。

2005 年 8 月 24 日于上海

我们需要什么样的文本解读

——读闫学《小学语文文本解读》

解读文本是一件最能显示语文教师"功力"的活儿。从某种意义说，一篇课文教什么、怎样教、是否教在点子上、能否让学生真正受益，很大程度上取决于教师解读文本的功力。

为什么这样说？

要回答这个问题，必然会牵扯到"语文教师是干什么的"这个根本问题。关于这一点，叶圣陶先生说得最为直截了当，他说："语文老师是引导学生看书读书的。"又说："语文教师能引导学生俾善于读书，则其功至伟。"一直主张"读写听说都重要"的叶老，为什么又特别强调"读"的重要呢？因为在读写听说四项能力中，读不仅是写、听、说的基础，而且是一个人精神成长的重要途径——"阅读改变人生"已成为人们耳熟能详的一句口头语。我看过不少作家、学者自述成长历程的文章，尽管他们的人生道路各不相同，有一点却惊人地一致，那就是博览群书（多读）对他们成长的无可替代的作用。再从语文课程内部的课时分配看，阅读教学所占的课时最多，也足以说明"读"的地位重要。

既然语文教师是"引导学生看书、读书"的，不仅要使学生爱读书，而且要使学生"善于读书"，那么语文教师自己解读文本的能力如何，就成为决定他教学成败的一个关键因素。所谓"解读文本的能力"，说白了，就是教师自己会不会读书，一个自己都不太会读书的语文教师，怎么可能教出"善于读书"的学生呢？

可是，令人忧虑的是，语文教师这项解读文本的基本功如今正在日趋萎缩。我想可能是两方面原因造成的：一是至今势头不减的应试教育，使语文教师在沉重的考试压力下不得不以更多的时间和精力去应付考试，忽视了对自身语文素养（包括读写能力）的提升。二是现在教学的辅助资料太多，教师手边有"教参"，网上有现成的教案、学案、课件，一切都"配套成龙"地摆在那儿，只要"拿来"就是，以致现在语文老师备课已经离不开"教参"和网络，有的老师几乎已经不会"赤手空拳"解读文本了。记得 1950 年代初我刚做语文教师时，既没有"教参"，也没有"集体备课"制度，一篇课文教什么、怎样教、重点在哪儿，全凭语文老师自己拿主意，这就逼得我备课时不得不痛下功夫去"钻"课文，解读文本的基本功就这样慢慢地给"逼"出来了，后来即使有了"教参"，我也仅作参考而已。我发现：按照"教参"的思路去教课文，很难教好，更不可能教出自己的特色和风格；如果教师只是把"教参"照搬到备课本上，又从备课本上照搬到课堂里，甘心充当一名"二道贩子"，那更是等而下之了。遗憾的是，现今语文教师中"二道贩子"恐怕并非个别。

以上这些话，是我读了闫学老师这部书稿以后想到的。

我早闻闫学老师之名，但却缘悭一面，由于中学和小学不通声气，对她知之甚少，只知道她是一位十分优秀的小学语文老师。现在读了她的书稿，终于知道了她为什么这样优秀的缘由：原来她是一位解读文本的高手；而她之所以善于解读文本，又源于她的酷爱读书，源于她善于从阅读中汲取丰厚的精神养料，她因此还曾名列《中国教育报》2006 年评选的年度中国十大读书人物。正如她在本书"自序"中所说："我从苏霍姆林斯基读到卢梭和杜威，从教育理论经典走进开阔的人文视野，我在广博的阅读中不断完善着自己的知识结构，不断丰富着自己的知识底色。"事实上，广博的读书不但丰富了她的知识底色，同时也丰富了她的教学底色，使她无论自己解读文本还是指导学生阅读，都能左右逢源，游刃有余。

现在有一种很时兴的说法，叫"深度解读"。对文本挖掘得深一些，当然是十分必要的。但"深度"者，"深"而有"度"之谓也。如果脱离了文本实际和学生实际，一味求深，语不惊人死不休，甚至变成了刻意求"异"、求"怪"，那就把语文教育引上邪路了。现在有些"新锐派"语文老师思想敏锐，见解独到，也很有学问，令人钦佩，但有时候他们的长处恰恰成了他们解读文本的负担。几年前有幸读到一位"新生代"名师执教《愚公移山》的实录，只见学生在他令人眼花缭乱的诱导下，思维像一匹无拘无束的小马驹，到处狂奔乱窜，居然得出了一连串令人目瞪口呆的结论：原来这个要子子孙孙挖山不止的老愚公是一个狡猾、毒辣、自私、疯狂、愚蠢、一根筋的"害群之马"！但这位老师尚嫌不够，还请出了两位外国人对中国古代寓言中的这个"疯老头"评头品足，虽然是播放采访录音，但教师这一奇思妙想的神来之笔确实构成了我们母语教育课堂里一道怪异的风景。我实在说不清这是一堂什么课，总之不像是语文课，因为老师和学生恰恰都忘记了一项最基础的语文知识：什么是"寓言"？

与这样的"深度解读"相比，更显出闫老师解读文本朴实、自然、大气的特色：既紧扣文本，又不局限于文本；她对文本有深刻的见解，却从不刻意求深，而是深而有度；她的知识面很广，却从不恣意突破语文教学的"边界"，而是宽而有界。这种由博而返约的功力，既是一种修养，也是明智的自我克制。要做到这一点是很不容易的。不妨看看她对《夸父追日》的解读。我之所以选择这一篇，不仅是因为它跟《愚公移山》文体相近（有人认为《愚公移山》也是"神话故事"），而且夸父和愚公同样在干着一件永远不可能实现的"傻事"，因此更便于比较两种截然不同的解读思路。

闫老师首先从探讨夸父追日的动机入手，在引证了《山海经》等几种古籍和教材编者的观点以后，提出了自己的见解："以今天的眼光看来，夸父追日的动机究竟是什么已经不重要，我们更加看重的是故事本身强大的象征意义"、"夸父追日的故事所含蕴的精神寓意是非常丰富的，充满了悲壮和催人奋进的精神力量"。对夸父追日动机的追问，其实正是为整个解读思路定下了一个正确阐释文本的基调。这是从文本出发、从神话故事的文体特点出发必然引出的结论。接下来就顺着这一思路，具体剖析了"夸父追日的惊世画面"，指出故事的悲剧性意义首先在于这是一场注定要失败的行动；而渴死的夸父"弃其杖，化为邓林"这一充满浓郁浪漫主义色彩的结尾，蕴含着深层次的精神文化传承的意义。这样解读文本，既显示了解读者思想的深邃，但又不是脱离了文本和文体特点，天马行空式地随意发挥。与嘲讽愚公为"疯老头"的另类解读相比，境界之高下不言而喻。

闫老师解读文本的另一个特点是着眼于课堂教学的实际操作，因此她把她的解读叫做"教学解读"。我欣赏这个提法。语文教师解读文本毕竟不同于一般意义下作为个体行为的阅读。所谓"教学解读"，就是为教学而解读，这就要求教师在解读之时，不仅要眼中有文本，更要心中有学生；这也正是"深度"的"度"之所在，解读的深度超过了学生的认知界限，就是深而无"度"。因此，闫老师在每篇课文的解读以后，又以"板块"结构的方式，提供了教学的大体思路，以便于使解读的成果转化为课堂上的具体操作。比如这篇《夸父追日》，在对故事本身充分解读以后，又为教学过程设计了四个可供操作的"板块"：浏览故事，认识夸父形象；细读故事，想象夸父行动；讨论故事，探究夸父精神；重写故事，再造夸父形象。四个板块引导学生由表及里、由浅入深、由故事而人物、由人物行动而上升到精神层面，最后以创造性地重塑夸父形象作结，这一结既是练笔，又给予学生在充分理解夸父形象基础上自由想象的空间。整个教学过程的安排，始终不脱离对文本的反复咀嚼、品味，学生学得扎扎实实；每个板块内部又有若干富于启发性的问题或提示，在扎实中又不乏灵动之气。

我还十分欣赏闫老师一改语文教师对课文及课文作者顶礼膜拜的"仰视"态度，转而以平等对话者的身份"平视"文本和作家，文本好就是好，不好就是不好，直言不讳。比如解读作家冯骥才的《珍珠鸟》时，一开头就针对作家在文本结尾的那句点睛之笔"信赖，往往创造出美好的境界"，坦率地指出："我试图站在冯骥才先生的角度，理解他所说的这个美好的境界；我也试图站在小鸟的角度，理解他所说的这个美好的境界，但遗憾的是，无论我是站在谁的角度，我最终都没能看出这个境界的'美好'"；"无论这个笼子是如何的舒适与温暖，笼子就是笼子。对小鸟来说，它需要的不是笼子，而是自由的天空"。真是一语点破了作家由于考虑欠周而造成的文本的缺陷。这种平视教材的勇气，恰恰来自于闫老师对作家的尊重、对真理的尊重，而不是无理挑刺，更不是故作惊人之语以求博得几声喝彩。我想，这对那些至今仍然习惯于仰视教材的语文教师同行来说，应该是一个很好的启示。

这篇"读后感"已经写得不短了，但最后我还想啰唆几句：闫学老师之所以优秀，很大程度得益于她解读文本的功力。因此，如果我们真心实意想使自己也成为一名像闫老师一样优秀的语文教师，首先就应该实实在在地从提升自己解读文本的功力入手。我们读闫老师的这本著作，也不应该仅止于欣赏闫老师的解读艺术或原封不动地移用她解读的成果，因为那毕竟是别人的东西；重要的是，透过对书中一个个解读"个案"的研读，进而探寻、学习闫老师解读文本的基本思路和方法，最后磨练出自己的解读艺术。这才叫"善于读书"。

我向往这样的教学风格

——《上海名师课堂：中学语文（马骉卷）》序

十多年前第一次见到马骉的时候，他就说要拜我为师，当时以为他不过是出于自谦而随口说说而已，因为我只是个浪得了一些虚名的普通教师，无官无位，拜我这个老师，对他的"前途"不可能有任何帮助。但在其后的交往中，他始终对我"执弟子礼"，我这才知道他是认真的，同时也感到自己以功利之心去测度他"拜师"的动机有些可笑。

不过，在我的心目中，他一直是我的一位志同道合的朋友，一位忘年之交。我有机会听过他几堂语文课，我发现，我们两人在对语文教学的理解和追求上，十分接近，甚至一致，因此我又一直把他引为同道、视为知己。前些日子，他告诉我他的课堂实录要结集出版，我由衷地替他高兴；后来他又把好几篇课堂实录发到我的电子邮箱里，要我为他的这本书写一篇序，我当然欣然从命。

过去听马骉上课，总觉得他的课有一种让我感到特别亲切、引起我内心共鸣的东西，但那是什么，一时却说不清。现在读他的课堂实录，与现场听课相比，可以更从容地思考、品味，于是忽然悟出，那种引起我共鸣却又无以名之的东西，就是马骉在教学中所显现出来的那种打上他个人印记的格调和气度。在美学、文学、艺术等领域，人们通常把作家或艺术家在创作中所展现的这种格调和气度，叫做"风格"。马骉的课引起我共鸣的，正是他教学的风格。

一个教师教学风格的形成，有复杂的主观和客观因素，但起决定作用的是主观因素，尤其是教师的个性。不同教师的千差万别的个性，形成了多姿多彩的教学风格。我无意于褒贬各种不同的教学风格，因为正是教学风格的多样性，造就了语文教学园地百花争艳的美丽风景。但就我个人志趣而言，我更向往这样一种教学风格：它亲切自然，朴实无华，不矫饰，不卖弄，不刻意营造学生发言彼伏此起的热烈氛围，不刻意追求严谨到分秒不差的"教学设计"；教师或讲解，或提问，或答疑，娓娓而谈，细细道来，有时也不乏激情和幽默；学生时而支颐沉思，低头不语，时而各抒所见，据理力争，时而若有所悟，莞尔而笑……在师生无拘无束的平等交流和对话中，智慧之水在汩汩流淌，滋润着学生渴求真理的心田。从马骉的课堂实录中，我所感受到的就是这样一种教学风格，而这种教学风格也正是我自己在教学中所向往和追求的，这就是我为什么对他的教学会感到特别亲切的原因所在。

让我们来解剖马骉的一堂课，进而探讨一下这样的教学风格对语文课程改革的启示。

这是马骉借班上的一堂展示课，教材是高一的课文《荷花淀》。他在上课前一天先与学生见过面，并布置了预习。但第二天情况忽然发生了变化：由于组织方面的原因，原先见过面的高一学生突然换成了初一学生。不但学生从未见面，而且一下子降了三个年级！情况突变，令人措手不及，这考验着教师的应变能力。且看马骉是怎样"开局"的：

师：同学们，今天是哪一年哪一月哪一日？

生：今天是一九九七年八月三日。

师：你的回答既对又错。没错，今天确实是一九九七年八月三日。但今天也应该算是二零零零年的八月三日，因为大家学这篇课文要等到三年以后。你们是赶在时间前面的人呢！

生：老师，这是高中的课文？不过我们的老师已经叫我们看过一遍。

师：对，大家的预习不充分，再说我们今天主要分析夫妻感情，我估计大家学习这篇课文会有一定难度。……不过从大家友好智慧的目光中，我找到了自信，大家呢？

生：有信心！

初一的学生能否超前三年读高一的课文，关键在于是否有足够的信心和放松的心态。这一平实却又巧妙的"开局"，帮助老师向教学的成功跨出了第一步。

接下来的"导入热身"，颇见匠心：先让学生举出描写战争残酷的成语，这对初一的学生来说并不困难，因此一开始就激发了学生的自信；接着转入对课文特点的认识——没有硝烟弥漫的战争场面描写，而是通过对话描写重在刻画人物形象，这就水到渠成地使学生明确了学习本文的重点；然后又以"小说的人物对话主要分布在故事的哪些情节里"的提问，自然导入对故事情节的梳理。这层次分明又流转自如的三步，都在师生愉快的交流中步步推进，没有人为拼凑的痕迹。这三步既帮助学生树立了信心，也凸显了学习的重点，这就为接下来重点分析人物的对话描写作好了铺垫。

分析人物对话是这堂课最出彩的部分。先来看一段课堂实录，教学内容是分析五个女人中第一个和第五个女人说的话：

"听说他们还在这里没走。我不拖尾巴，可是忘下了一件衣裳。"（第一个女人的话）

"我本来不想去，可是俺婆婆非叫我再去看看他——有什么看头啊！"（第五个女人的话）

师：第一个问题（指五个女人此时共同的心理是什么）好回答，谁先试试？

生：（一男生）想老公了。（全场大笑）

师：你直爽。

生：应该说是思念丈夫。

师：你委婉。

师：第一个与第五个女人属于一种类型，她们的异同在哪里？

生：两个都是内向、秀气型的。

生：两个人都想丈夫，但不直说，都找了借口。

生：第一个女人借口说"忘下了一件衣裳"，可用含蓄来概括。

生：（一女生）第五个女人更有一种害羞的可爱。

师：我对你的"害羞的可爱"感兴趣，具体说说。

生:（一女生）你看她找了多少个借口啊，开口先说"我不想去"，表明"去"不是她的本意；然后说"可是俺婆婆非叫我再去看看他"，怕引起别人的误解，强调是婆婆的主张，她是被迫的。这样还不够，还要强调"有什么看头"，其实是大有看头啊！（全场大笑）

师：（兴奋之余叫了一个男生）你觉得那个女同学说得怎样？

生：并不是最好！

师：真是口出"狂言"，那有更好的吗？

生：我总觉得能有更好的回答，而我现在还没想出来。

师：能对一个已经很出色的答案提出更高的要求，精神可嘉，至少你的追求很高，下功夫总能有成功的一天。（全场鼓掌）

读这一段课堂实录，就像听几位老朋友在随意地交谈——亲切，友好，无拘无束。教师不再是君临于学生之上的权威，而是一个值得信赖的朋友，是交谈中平等的一员；教师的工作也不再是向学生"奉送"不容置疑的"真理"，不再是宣布唯一正确的答案，而是倾听、参与、鼓励、评价，以及适时地指点。我们说学生是学习的主体，但学生的主体意识不是生来就有的，尤其在学生的主体地位被长期剥夺的情况下，学生的主体意识要靠老师去"唤醒"；而要唤醒学生的主体意识，首先就要营造这样一种平等、友好、宽松交谈（对话）的教学氛围。这是马骉的教学风格给予我们的重要的启示之一。

再看一段课堂实录，教学内容是分析水生嫂的一句话"你走，我不拦你。家里怎么办？"

师：说起此句，还有一段佳话呢。有家印刷厂把此句中的"。"印成了"，"，为此孙犁先生大为光火，说这个是非常严重的错误。我开始以为这一个"。"印成了"，"有什么了不得的，但仔细一想，确实是个错误。请你们说说错误在哪里呢？这是个很有些难度的问题，需要我们深入地思考和分析。

（全体学生陷入深思）

师：逗号与句号的区别是什么？

（学生朗读这两句，一遍读成句号，一遍读成逗号）

生：逗号与句号的区别是停顿时间的长短。

师：如果是逗号，这个句子就成了什么复句？

生：转折复句。

师：转折复句的表达重心一般都放在后半句，如果把它改成转折复句，这句话该如何理解？

生：重心在后句了，那就是说水生嫂是只看重家庭、拖丈夫后腿的不开明的女人了，显然与作者的本意相违背。应该说水生嫂这话是发自内心的，她是理解和支持丈夫的。

师：你把我要说的话都抢过去了，我就没的说了。谢谢你了。（全场大笑）……既然是不拖后腿，理解、支持丈夫，水生嫂为什么还要问"家里怎么办？"水生嫂说此话时家里怎么办心里想好了没有？

生：没想好。

生：不，我说想好了。

（同学们众说纷纭，意见不一）

师：要正确理解一句疑难的语句，有一个办法就是要从上下文中去寻找有价值的语言信息。大家在上下文中找找，哪句可帮助大家统一意见。

（学生看书找句子）

生：我认为是想好了的，因为下文有句"你明白家里的难处就好了"。

生：其实她要水生明白她已下定决心，鼓起勇气要担起这千斤重担。她只要水生理解她的内心想法，她再苦再累也心甘情愿，因为她是人，她是女人。

师：分析真是深刻透彻。就这么个简单的句号，一个含蓄的明知故问的问句，把一个深爱丈夫却又深明大义（板书）敢挑重担的、真实自然又光彩照人的形象树立起来了，真是妙笔生花啊。

在这一段课堂实录里，教师就像一位高明的导游，带领着一群旅游者一步步深入景区，以他丰富的知识一路指点，帮助每一位旅游者充分领略山水风光之美。语文教师指导学生阅读，其实就是充当着一个"导游"的角色，他的任务只是引领、指点、启发、提供必要的背景知识，而不是"代替"，因为"游览"的主体不是导游。如这个教例中，教师只是向学生提供了孙犁先生对一个标点较真的信息，然后引领学生自己深入文本，通过对语言的咀嚼品味，进而理解一个标点之差影响到人物形象的塑造。在此过程中教师在几个关键处适时地点拨，对学生的思考起了导向的作用，但也只是导向，而不是越俎代庖。

这个教例，引起了我对教学过程中师生关系的思考。学生对文本的解读应该是一种自主的行为，解读的结论也应该是他们依靠自己的努力而获得的，这是毫无疑问的，因为学生是学习的主体；但是现在有一种过于张扬学生主体性的激进观点，认为教师和学生不存在"谁指导谁"的问题，认为"后现代的到来敲响了教授时代的丧钟"，从这种理念出发，在教学实践中自然把教学的"生成性"和"不预设性"抬到了绝对的高度。而与这种激进观点相反，在大量的、日常的语文课上，却仍然在不断演绎着教师君临一切、主宰一切的陈年老戏；课堂里频繁而无聊的问问答答，也只是为了"活跃课堂气氛"而已，事实上教师早已在教案里写好了答案，提问不过是诱使学生"入我彀中"的"教学圈套"罢了！

我为什么特别赞赏马骉的教学风格？因为这种朴实自然的教学风格所追求的，既不是盲目张扬学生主体性的高调理论，也不是频繁问问答答的表面热闹，而是师生间围绕教学目标进行的平等、友好、和谐、亲切、无拘无束的交流和对话。在这样的交流和对话中，学生学得愉快、轻松、充满自信，他们的主体意识被唤醒、被激励，他们不断体验着自主学习和合作探究的快乐；教师则作为"平等中的首席"，在与学生的平等对话中，随机指点，循循善"导"，体验着既为人师、又为生友的乐趣。这样的教学，对师生双方来说，都是一种不可多得的学习体验和人生体验。

我想，在当前的课程改革中，倡导马骉这种朴实自然的教学风格，是应该有它特殊意义的吧！

是为序。

草根研究的生命力
——《曾宪一教语文》序

　　宪一是我的忘年交，虽然平时见面不多，但他是个即使仅见一面也会给人留下印象的人。我与他为数不多的几次见面、交谈，以及留在记忆中的点点滴滴，却将他勾勒得完整而鲜活：朴实，热情，勤恳，好学，轻功利，重然诺，乐于助人，敢于担当，隐然有古君子遗风，兼带一股关东汉子的豪爽劲儿（后来知道他是黑龙江人，不折不扣的关东汉子）。这自然引起了我进一步走近这位忘年交的兴趣。

　　前不久，宪一以《曾宪一教语文》等四本书的样稿见示，并承谬爱，嘱写小序。我自知笔拙，很怕为人作序，因此凡有向我求序者，大多婉谢。但宪一嘱序，我毫不犹豫就欣然从命了——为他的书作序，不是正好可以读他的文章，进一步走近他、认识他吗？

　　宪一刚到中年，在年逾八旬的我看来还是个年轻人，但他从教的"阅历"已颇为丰富。1990年他从哈尔滨师范大学毕业后，辗转任职于黑龙江省、江苏省、上海市，担任过初高中语文教师、班主任、校长助理、校教科室主任、副校长、教研员、华东师范大学特聘兼职研究员等等；获得过中学语文学科带头人、教育科研学术带头人、中考语文命题审题专家、教师中级职称评审委员、中学语文学科基地主持人等"桂冠"；曾多次承担由华东师大和知名教育集团组织的各种培训工作；在《人民教育》《语文教学通讯》等50多家省级以上刊物发表文章500多篇，其中20篇被中国人民大学书报资料中心全文转载；参编参著书籍20余种。这些丰富的阅历拓宽了他的视野，为他的语文教育研究提供了广阔的智力背景；加以他谦逊好学，既博采各家之长，又能"奋其独见，爬梳剔抉"（朱熹），逐渐形成了他富于个性特色的语文教育观以及一整套操作性很强的语文教育理论、策略和方法。作为语文教师，他是优秀的；作为语文教育研究者，他是出色的。这四本专著就是他二十年来从事语文教育、语文教育研究的成果。

读其书，想其人，于是自然而然地想到了一个话题：宪一是怎样从基层教师起步，一步步走到今天而成为人才的？

首先当然要归因于他的勤奋。这虽然是老生常谈，但宪一的勤奋是超乎常人的。比如他当了教研员后为自己制订了"教研'十一个一'工程"，这里不妨略举其中的几个"一"：

一天必读一本有关教育教学方面的报刊，写出至少 100 字的札记、摘抄、心得；

一周至少写出一篇或累计字数为 2000 字的文章；

一个月读一部教育教学理论书；

一个月至少在省级报刊上发表一篇文章；

一学期至少命出一套达到发表水平的现代文或文言文阅读题；

一学期至少发表一篇德育或班主任工作的文章；

一学年（或一循环）必搞一个专题或课题。

正是这样勤奋地读书、思考、写作，为他的成长、成才奠定了扎实的根基。

但世上勤奋者甚多，真能成才的毕竟还是少数。勤奋是成才的必要条件，不是唯一条件。常看到许多老师年年月月与学生一起泡在茫茫"题海"里，载沉载浮，学生穷于应付，老师也累得疲惫不堪。要说这些老师不勤奋，那是闭着眼睛说瞎话，但这种"勤奋"，恐怕与成才无缘。力气要用在刀口上，目标错误的勤奋只会使自己偏离正确的方向愈来愈远。在这一点上，宪一给了我们很好的启示。他勤奋地教学，勤奋地读书，勤奋地思考，勤奋地写作，都为了一个目标：提高自身的理论涵养和实践能力，从而更有效地研究语文教育，探索切实提高语文教育实效的途径。

宪一的研究方式，无疑是草根式的。这是一种立足于本土和基层、深深扎根于教育实践的平民化、大众化的研究方式。宪一教学研究的生命力，正源于它跟教学实践的血脉相连。他从教 21 年来，无论职务有怎样的变动，始终没有脱离过基层学校的教学实践。即使在他当了教研员以后，仍然规定自己每学期至少到基层学校上公开课 5 节，每学期听课、备课、评课大于 100 节。我想，他这样做不单是为了尽到一个教研员的职责（能这样尽职的教研员也是不多的），更重要的是，可以从切身的教学实践中获得教学研究的灵感，探求语文教育的真谛，从而使自己能够在更大的范围、更高的层次上指导基层学校的语文教育。

由于宪一的教学研究始终面向实际，从实际中来，又到实际中去，因此他所有谈论语文教学的文字，都朴朴素素，实实在在，不说空话，又便于操作。记得当年范文澜先生曾撰一联以自勉，其下联曰："文章不著一字空"，以此衡量宪一的文字，也是当之无愧的。

独立思考是学者最重要的品格，也是一个研究者最重要的品格。因为只有独立思考，才能有独立之人格，自由之思想，其研究才能不趋时从众或盲从权威，才能有独到的见地，才能独辟蹊径、独树一帜。宪一作为一位研究者，其最可贵之处，就在于他那一股子敢于独立思考、敢想敢说的勇气。比如，教育部聘请专家研制的《语文课程标准》，作为指导并规范全国语文教学的国家级文件，其权威性毋庸置疑，但宪一对其中的教育理念并非一味称善，而是敢于运用脑髓，一一鉴别。对《语文课程标准》中"工具性与人文性的统一，是语文课程的基本特点"的表述，宪一直指其为不科学、不严密，因为"工具性与人文性的统一"不是语文课程所独有的特点。他明确指出："语文学科的本质属性是语言交际性"，语文教学的核心目标是"理解和运用祖国的语言文字"，与模糊的定"性"相比，这样的表述更为简洁明了，一语中的。又如关于课程目标的所谓"三个维度"，宪一认为"知识、能力、方法、过程、情感、态度、价值观等，是分属于不同范畴的概念……在教学中，它们既不能构成完全对应的关系，更不能作为三个维度构成一个空间"，等等。当然，某些关乎学理的是非尚有讨论的余地，但宪一不迷信权威、敢于独立思考的学术勇气是值得赞赏的。

于是，我们不能不又回到原来的话题：草根式研究。是什么给予宪一如此直言不讳的勇气？是实践——这是草根式研究者最宝贵的财富！是实践的启示和实践中的反复验证，赋予了他足够的自信；是实践告诉他：语文教学需要的是实实在在的研究和朴朴实实的表述；对待传统的语文教学，不是颠覆、推倒，而是应该在继承的基础上有所发展。他深知："语文教育没那么多的花样翻新"，"该坚持的一定要坚持，搞花头的泡沫一定要去掉"，等等。正是这种基于实践的草根式研究，使宪一接近了语文教育的真谛！

　　总之，宪一的成才之路，是每一个普通的基层教师都可以走的成才之路；宪一的草根式研究，是每一个基层教师都可以采用的研究方式；宪一取得的成果，也是每一个勤奋的草根研究者都可以取得的成果。不妨套用一句古话：舜，何人也？予，何人也？有为者亦若是。我想，这应该是宪一的书给读者的最大的启示。此外，如果我们浏览一下这四本专著的目录，就可以发现，宪一的研究兴趣十分广泛，他的思维触角几乎伸到了语文教学的每一个角落，而且他凡有建议都具有很强的可操作性，因此，无论是语文教师、语文教研员或教育管理者，都可以从这四本书中找到自己感兴趣的东西，并从中获益。

　　现在他的四册专著就摆在我们面前，这是作者最实实在在的现身说法，我再多说什么，便显得饶舌了。

二〇一一年四月二日

于上海两误轩

（说明：这篇序言在收入本书时删除了与本书中其他文章重复的内容。）

如饮甘泉

——读《请靠童心再近些》

顾丽芳老师给我发来了这本书的电子文稿（部分），我几乎是一口气读完的，一种如饮甘泉的阅读快感，使我停不下来。

当初答应为这本书写序，是有些犹豫的，因为顾丽芳老师教的是小学语文，而我长期在中学任教，虽然教的都是语文，但小学语文和中学语文毕竟在教学目标、教学内容、教学方法等方面多有不同，为这本书写序，我能有话可说吗？

现在看来，当初的犹豫有些可笑，读了顾丽芳老师的书稿，我觉得不但有话可说，而且有话"要"说。一股找到"同道者"的喜悦，催促我尽快把读后的感受写出来。

固然，作者简洁流畅、富于动感的文字和书中许多成功的案例都引起了我阅读的趣味，但更让我产生如饮甘泉的阅读快感的，是闪烁在那些案例后面的作者的现代教育理念，它和我一贯坚持的"学生为主体"的教育理念是如此合拍。

教学过程中如何定位教师和学生的不同角色、如何处理师生关系，是传统教育思想和现代教育思想的分水岭。传统教育思想强调教师的主体地位，学生只是被灌输和被培养的对象；现代教育思想则把学生置于教育的"中心"，强调学生的自主发展，教师不再是学生命运的主宰，而是学生自主发展的引导者、鼓励者。使顾丽芳老师的这本书熠熠生辉的，正是这种深刻的"学生本位"思想！她靠近童心，是为了疗救孩子们业已被刻板的应试操练折磨得遍体鳞伤、不再快乐不再好奇的童心；她呼唤：课堂不要太像"课堂"，老师要站在学生"学"的角度"教"，只有孩子喜欢的课才是好课；她提醒自己、也告诫读者：教师要目中有"人"，学生永远是

"主角"，镜头要永远对准孩子；她深情地扪心自问："拿什么给你，我的学生"？作为语文教师，她明确指出：阅读和写作，是学生精神成长的沃土，童心将在文字里拔节……汩汩流淌在生动语言里的这些鲜活的思想，有一股强大的感染力，使我时而支颐沉思，时而会心微笑，时而有所憬悟，阅读书稿成了一次令人难忘的精神旅行。

更重要的是，在顾老师的教学中，"学生本位"不是一个空洞的概念或一句漂亮的口号，而是一种融化在血液中的鲜活的思想，是一个个落实在课堂上的生动活泼的教育方式，是思想的深刻性和教育过程的现实性的完美统一。在"学生为主体"已沦为一句空洞口号的今天，顾老师的这本书尤其给人以教益和启迪。比如，在《让学：小学语文发展性课堂的诉求》一文中，"学生本位"不再是一种思想、一个理念，而是转化成了一连串看得见、抓得住、行之有效的操作"要领"，作者告诉我们，"让学"应该怎样"让"？怎样把"教师该教的"转化为"学生可学的"？怎样让学生知道"我可以学什么"和"可以怎么学"？教师该怎样获得反馈信息和调整教学预案？又如在《前置作业：静悄悄的课堂革命》中，作者通过一份具体的"前置作业"分析了前置作业的特点、和后置作业的区别，以及如何设计前置作业……所有这些，都不是凌虚蹈空式的"议论"，而是依托于教学理念的实实在在的"行动"。这种虚实相生的案例在这本书中随处可见，俯拾即是。

如果可以把人的思想、情感、意识等等叫做"灵魂"的话，那么任何一个活生生的人都必然是一个无形的灵魂和有形的躯体相互依存的有机体。教育、教学其实也是这样的有机体。教育思想、理念、原则等等是教学的无形灵魂，它看不见，但确确实实支配着教师的每一堂课，甚至每一句话；而教师教、学生学这类看得见的教学活动则是教学的有形的躯体。人要是没有躯体，灵魂便无所依托；而人如果没有灵魂，那么躯体不过是一具行尸走肉。顾丽芳老师成功的奥秘，就在于"灵魂"（现代教育理念）和"躯体"（在现代教育理念引领下的教学实践）的完美统一。我想，我们学习顾丽芳老师，至少应该从两方面入手，首先是学习她的

"学生本位"的教育理念，并使之成为一种自觉的追求；其次，要像她一样善于把先进的教育理念转化为切切实实的教育行动。如果向顾丽芳老师学习只是停留在一招一式的搬用，这只能叫做袭用，不是真正的学习，对这样的袭用者我只能借齐白石老人的一句话相赠："学我者生，似我者死。"

谈作文智慧

——王立根《作文智慧》序

谬承立根厚爱，以《作文智慧》书稿见示，并嘱我看后写一点感想，算作序。我翻了一下书稿，发现卷首已有了孙绍振先生写的序，孙先生是我十分仰慕的知名学者，此书有他作序，足以光宠篇幅，却还要把我拉来凑数，便颇怪立根"贪得无厌"。何况孙先生以他深厚的文化底蕴和长期写作实践中积淀的丰富经验，对学生作文提出的真知灼见，不是我这个教书匠说得出来的，于是更觉得自己写这篇序纯属多此一举。

不过，既然已经揽下了活儿，事关诚信，就不能不勉为其难地写点什么。再说，教了几十年语文，对学生学习作文也多少有一点自己的想法，看了立根的书稿，自然感触良多，想想还是有一些话可以说的。

一看书名，便觉得"作文智慧"这个名儿取得好，悬揣立根在取名之初，大概很费了一番周章的。为什么说它好？因为这个书名背后蕴含着的，是著者对作文教学的深刻理解。

语文教师都深有体会，在作文教学上老师耗费的课余时间和精力甚至超过了阅读教学：两周一次的作文练习，两个班级一百多本作文簿，犹如两座大山，高高耸立在语文教师的办公桌上，都要一本一本、一字一句地批改。有的学校还规定必须"有改有批，篇篇见红"，这就更增加了批改工作的强度。语文教师就这样长年累月在周而复始、永无止境的"移山"劳动中消磨着生命和青春。如果老师的辛勤耕耘确实换来了作文教学的全面丰收，倒也值得，问题是老师的投入与学生写作能力的"产出"根本不成比例。如今，学生作文水平的普遍低下已成为语文课程改革中的一个老大难问题，班级里偶或出现两三个写作尖子，也大多不是语文教师"教出来"的。

为什么情况会是这样？为什么语文教师在作文教学上兀兀以穷年所付出的，竟是一种低效乃至无效的劳动？

这就不能不认真反思我们作文教学的指导思想。

长期以来，我们总认为要提高学生的作文能力，就要在作文本身下功夫。通常采取的办法，一是多写，除两周一次作文外，还要求学生每周写一篇"随笔"或天天写日记，以为只要学生勤于动笔，熟能生巧，就能提高作文水平；二是加强"文章作法"的指导，于是"喋喋言作法"，怎样开头，怎样结尾，怎样过渡照应等等，以为只要如此这般地面授机宜，学生依法炮制，自然会写出好文章。但这些努力的结果如何呢？写得好的学生本来就写得好，写不好的学生仍然写不好。可见，我们那些看似很有"针对性"的措施，恐怕并不完全符合学生写作能力提高的客观规律。

我常常琢磨这样一些问题：为什么同一个班级的学生，在同一位老师的指导下学习作文，有的文采斐然，十分优秀，有的却只学会了胡编乱造，假话连篇？学生要写好作文，究竟靠的是什么？其中是不是蕴涵着某些规律性的东西？

我曾对自己教过的几位作文特别优秀的学生作过一些调查，我发现，他们的作文水平之所以高出侪辈，原因虽各有不同，但有三点几乎是高度一致的：一、求知欲旺盛，酷爱读书，知识面广，视野比较开阔；二、喜欢思考，有较强的理性思维能力和联想、想象能力；三、在学习和运用语言方面有较高的悟性。这三点其实又是互为因果、相辅相成的：多读书有助于思维和语言能力的提高，而思维和语言能力的提高又加深了阅读的理解，如此相互影响、相互促进，最后形成了一种良性循环。我在调查中还发现了一个有趣的现象，当我问及"某些专讲作文方法的书对你们写好文章有什么帮助"时，他们的回答几乎也是不约而同的一致："从未看过（这类书）"，或"看过，但不感兴趣，没看完就扔下了"。

这个结果是发人深省的。它是不是告诉我们：那种"喋喋言作法"的作文教学基本上是一种无用功。当然，让学生知道一些文章运思的方法也是需要的，但同时我们也不要忘了"文无定法"、"文成法立"——我们的老祖宗传下的这些至理名言。学生要真正提高自已的写作能力，更需要的恐怕不是文章作法之类空洞的知识，而是一种整体的素养、一种智慧、一种悟性。我的调查结果就是一个很好的证明。

我说这本《作文智慧》的书名取得好，就因为"智慧"二字确实搭准了作文教学的"脉搏"，符合学生提高作文能力的客观规律。自然，评价一本书的质量，不能看书名，主要应该看全书的内容是否与其名称相当。

综观本书内容，除"作文以外的思考"选辑了作者发表在各类报刊上的部分文章以外，全书的主体由三个部分构成。

第一部分"您笔下藏着什么——与著名作家的对话"，是立根对谢冕、孙绍振、曹文轩等九位著名作家的访谈录，还有这几位作家为中学生写的示范作文。这一部分无疑是全书的亮点之一，作家们关于学习作文的建议和"现身说法"的示范，无论对学生学作文，还是老师教作文，都将是一种充满着睿智的启迪。

第二、三个部分是本书中所占比重最大的部分，从这两个部分的标题"伴随着心灵颤动的作文——与学生的倾谈"、"跳动着生命智慧的音乐——作文本上的交流"，可以约略窥见本书的旨趣：作者凭其对作文教学的深刻理解，通过对学生作文个案的解剖，与学生平等地倾谈、交流。没有看似系统、实则空洞的"文章作法"的介绍，有的是结合学生写作实践的亲切交谈——谈人生、谈社会、谈风景、谈读书、谈个性、谈心灵、谈想象、谈情感、谈语言，当然也谈到了一些"作法"问题，但由于是紧扣作文个案进行的随机点拨，故绝无空谈之嫌……总之，凡是关乎"作文智慧"的话题，方方面面，林林总总，都有所涉及。这对丰富学生的整体素养、拓宽学生的视野，从而获得作文的大智慧，肯定是很有裨益的。

立根在本书的"后记"中说："作文关乎智慧，智慧关乎人生"，确是悟"道"之言。他自述编写本书的宗旨，就在于"培育智慧，唤起灵性"，自与那些充斥于书市、为应试教育服务的"教辅类"书籍异其旨趣。我为了写这篇小序，有幸先一步拜读了书稿的大部分，觉得立根的这些话并非徒托空言，书名《作文智慧》自然也实至而名归了。

随笔："新概念作文"的"普及版"

——读《成长的足迹》

在众多形形色色的"作文选"里，这一本并不见得怎样出众，当然更不能和那两厚册气派的《首届全国新概念作文大赛获奖作品选》比美。它的作者也都是一些极其平常的男生和女生，就如我们在所有非重点中学里都能看到的那些芸芸众"生"。对这样一本"貌不出众"的作文选，我并不怎么看好，也并不准备说什么。

可是，当我读了它的一部分书稿后，却又觉得有很多话要说，甚至不说不快。对这种前后反差强烈的变化，自己都感到有些意外。

要说这些作文本身，其实也不是什么了不得的锦绣文章。相反，它们大多写得很朴实，篇幅也短小，短者仅三百多字，最长的也不过六七百字。以文体论，似乎应该把它们归入"随笔"一类。当然，学生的习作，不能用作为散文体裁之一的"随笔"（essay）标准来衡量；但两者在行文"随意"这一点上，确有共同之处。我之所以"有话要说"、"不说不快"，因为正是小作者们这些随意写成的短文，引起了我关于学生怎样提高写作能力的思考。

"多写"当然是提高写作能力的必由之路。但一味多写，未必多多益善。学生在"应试"的作文训练模式下写得并不少，但文章不是越写越好，而是越来越"套话"连篇，"造假"成风，不但文章写不好，连"做人"也打了折扣。这种多写，恐怕只会越多越糟。这里有个指导思想问题，具体说，就是在动笔写之前，首先要弄清楚三个带有导向性的问题，即："为何写？""写什么？""怎样写？"

一般人（不包括某些因职务关系必须写作的人，如记者、文秘）在常态下写文章，不外乎两个目的：生活中有所思有所感，需要倾吐；需要把所思所感写出来与别人交流。总之，写作若不是出于个人的精神需求，便是由于交际的需要。"为何写"明确了，"写什么"和"怎样写"的问题自然就迎刃而解：写自己感受最深、最感兴趣、最能表达自己的"思"和"感"的人、事、物、理；章法与语言的选择当然也就只有一个标准，即视其能否充分地表达自己的思想情感而摒弃一切束缚思想的文章套路和陈词滥调。在这样的指导思想下"多写"，才能多多益善。

本书小作者们所写的随笔，正符合这样的要求，就是说，小作者们用各自的写作实践"现身说法"地回答了"为何写""写什么""怎样写"的问题。这不能不使引起我浓厚的兴趣。

跟一般以"应试"为目的的写作不同，这些随笔式的短文大多是由个人见闻、身边琐事引起写作的动机乃至冲动，多有感而发，为事而作；题材多来自家庭、学校、社会生活，即小见大，小大由之，选择自由；写法也不拘一格，或叙或议，或写景，或感怀，或直抒胸臆，或曲折达意：小作者完全根据表达的需要，任意挥洒，不拘泥于所谓"记叙文"、"议论文"、"说明文"等文体的刻板划分和某些所谓的文章规范。这种随笔的写作，不仅是课内命题作文的重要补充，而且对"应试"式的写作有着明显的"纠偏"、"匡正"作用。从这个角度说，它和倡导"新思维、新表达、真体验"的"新概念作文"的宗旨是一致的；但它又不像"新概念作文"那样"门槛"很高，非一般学生所能问津；它所面向的是所有不同写作水平的学生，可以说是新概念作文的"普及版"。

有鉴于此，我主张中学作文教学要适当淡化"三大文体"（记叙文、议论文、说明文）的训练，以便腾出较多的空间给随笔的写作和指导。所谓"三大文体"，其实完全是为了教学的需要而人为作出的划分，其科学性和实践价值都是值得怀疑的。就说"记叙文"吧，人们除了能够说出"记叙文六要素"之类的"文体知识"外，恐怕谁也说不清它究竟是一种什么东西。以中学语文课本为例，所有的课文中只有新闻报道、人物通讯、回忆录、传记、游记等"具体"的文体，根本没有什么所谓的"记叙文"！"叙事散文"也许最像记叙文的样子，但叙事散文属文学作品，而记叙文是实用文体，两者根本不是同一范畴。"议论文"和"说明文"的情形也差不多。总之，目前中学生学习作文，只是按照"三大文体"的某些空洞的教条苦苦操练，加上"应试"的错误导向，焉能不流于教条化、模式化？因此，作文训练应淡化"三大文体"，指导学生多写随笔，写好随笔，也许正是作文教学走出困境的希望所在。

我这样说的根据是什么？不妨先读一读我从这本集子里任意挑出的一篇小文章：

停电了

晚上，我坐在桌前做作业，爸爸在图板前画图，妈妈在备课。一家人沉浸在和谐愉快的气氛中。

突然，电灯灭了，停电了。好像一下子掉进一口深不见底的井中，我甚至感到有一点害怕，又如同独自走在黑夜的荒原，身边一个人也没有，孤立无助，黑暗团团包围着我。过了一会儿，视觉才慢慢适应了，黑暗渐渐变淡了，似乎在光明的顽强抵制之下，它不得不稍稍作一点让步。身边家具的轮廓开始逐渐显现出来，似乎它们刚才也被突然的停电吓呆了，现在才慢慢清醒过来。

是什么原因停电的呢？是我们这幢楼的保险丝断了，还是我们这一条线路坏了？抬头看看窗外，我们这一带一片漆黑。也曾想站起来找应急灯，可一犹豫，还是没有动。难得这样一个人隐身了似的坐着，忽然间，竟有一种说不出的清闲与自在。闭起眼，如同坐在一条小船上，在僻静的小河里慢悠悠地漂着，晃着……

这种随笔式的小文章，就地取材，文笔活泼，有话则长，无话则短；但也决不是信手涂鸦。这篇短文，虽然全文才300多字；所写之事也小到不能再小。但小作者却能在这十分有限的空间里从容回旋，虽只是一件再简单不过的小事，居然也写得层次分明、跌宕有致；尤其是想找应急灯而终于没找的那一段，细腻地写出了瞬间的内心感受，显示出小作者感悟生活和内省体察的能力。写这种文章，不仅仅是甚至主要不是文章技巧的操练，因此不需要装模作样，不需要生编硬造，不需要没话找话，不需要无病呻吟。情动于中，自然形之于言，发而为文；这样的写作，完全是出于一种精神的需求，一种急欲倾诉的愿望。因此，多写这类文章，能够帮助同学们树立正确的写作理念，培养写作兴趣，养成关心生活、思考生活的习惯，提高对生活的感悟力和语言表达能力，并逐步形成写作的个性，无疑，这对健全学生的人格必定也起着积极的作用。

值得一提的是，本书中所有的文章都出自一所普通初级中学——义乌市城南中学的学生之手。据我所知，该校在改革课内作文教学的同时，还大力拓展学生的课外写作领域，鼓励学生"敢写自己的所见所闻所思所感，敢写自己的喜怒哀乐"，并坚持定期出版《南苑》，发表学生的作品。这本集子，既是《南苑》历年所发表的作品的精选本，也是城南中学多年作文教学改革的成果展示。如今得以付梓问世，可喜可贺！

本书取名《成长的足迹》，书名中的"成长"一词，显然有着双重含义，既指写作能力方面的成长，又指个性、人格方面的成长。我相信，小作者们在他们的人生之旅中留下的这一行行"成长的足迹"，对他们个人而言，是弥足珍贵的留念；对他们的同龄人而言，是生动的示例；对城南中学而言，则是一次重要的检阅；对中学的作文教学而言，更是有益的启示。

辑六　给学生的建议

学语文不妨"自作主张"

人们对语文教学不满的声音越来越高了。

也难怪人们不满，如今中小学的语文教学变得越来越让人看不懂了。大学中文系教授辅导小孙女做的语文题，被小学老师打了叉叉；著名女作家指导儿子写的作文，差一点被老师退回重写；语文课文的作者（当然也是一位作家）面对教科书编者们为他的大作设计的练习题，竟瞠目结舌答不上来……这些颠颠倒倒的怪事，早已不是什么新闻了。

事情为什么会这样？是中文系教授的语文水平太低、著名作家的作文能力不够，还是中小学的语文教学出了问题？

答案其实很明白：目前同学们在学校里花了大量时间学习的语文，说穿了，是一种"应试语文"，和实际生活中需要的"通用语文"完全是两回事，教授和作家们只会"通用语文"，自然只能在中小学生的语文作业面前败下阵来了。

语文教学老这样下去怎么行？老师教得累，学生学得苦，可学生实际的语文能力却每况愈下。事实上，人们早就在呼吁改革了，然而，从语文教学的现状看，似乎还没有多少变化的迹象。就是说，语文教学这种令人困惑和无奈的状况可能还会持续一些时间，同学们暂时还只能面对这种脱离生活、脱离实际的应试语文。

不过，语文教学的困惑和无奈，不等于每个学生都只能困惑而无奈地学习语文。因为，在中学的各门学科中，语文是最有可能自己学习的。语文学习，说到底，就是学习自己的母语，就是中国人学中国话，而我们每个人都是在母语的环境中长大的，从小就接受母语的熏陶，因此几乎人人天然就有学习母语的本能。我们完全可以发挥自己的主观能动性，在语文学习上"自作主张"，关键在于自我意识的觉醒，在于学会"自己学"。

下面两条建议，也许有助于同学们自学语文，虽然不全面，但很重要。

1. 重视朗读。

现在的中学课程，由于课时总量减少，语文教学进度偏紧，有的语文老师教课文又偏重于分析，因此，课内的朗读训练越来越少了；而朗读对语文学习的重要性是不容忽视的。我国古代学者甚至认为"书不可不成诵"。所谓"成诵"，就是熟练地朗读和背诵。他们主张，书（文章）必须熟读到"使其言皆若出于我之口"的程度，才能有所得。今天看来，这些主张不是没有道理的。朗读是一种眼、口、耳、脑协同动作的过程，朗读时，通过抑扬顿挫、轻重徐疾的语调、语速变化，可以加深对文章的理解，更好地把握作者思想感情发展的脉络。朗读还有助于语感的培养。语感，就是对语言文字的感受力，它是人们运用语言文字顺利进行读、写、听、说的基础，培养语感的重要性远远超过语法修辞知识的学习，而朗读正是培养语感的最重要的途径。为此，建议同学们加强课外的朗读练习，以弥补课内训练的不足；还应尽可能多找一些课本以外的好文章来读，要读得有滋有味，甚至要像三味书屋里那位老夫子一样身心投入，兴会淋漓。这其实也是一种高级的精神享受。

2. 学会鉴别。

现在语文课内学习的某些知识、训练的某些能力，并不都是有用的，有不少基本是无用的，例如千篇一律的课文"写作特点"、某些钻牛角尖式的"分析"、一部分刁钻古怪的问答题、大量莫名其妙的选择题等，对提高语文能力实在没有什么意义，不妨姑妄听之，不必真当一回事那么全力以赴。重要的是切切实实地培养自己的阅读能力。比如能够从整体上把握一篇文章的内容和主旨，揣摩作者的思路和文章的层次，抓得住关键的词语、句子和段落，说得出真正属于自己的感想、体会。总之，课内学的，课外练的，哪些有用，哪些没用，要细加鉴别，区别对待。

关于作文，也有一个鉴别的问题。要摒弃目前学生作文中十分流行的假话、空话、大话，扔掉一切人云亦云、模式化的写作套路；要知道并不是所有"学生作文选"里的文章都是好文章，"作文指导"、"写作秘诀"、"作文宝典"一类的书，真正管用的并不多。中学生学习作文，最重要的一条，是学会用自己的语言，实实在在地写自己的生活和感悟。"求真"，这其实也是做人的准则。

　　总之，语文学习能不能走出困惑和无奈，决定于自己是不是真有主见。主见既定，方向既明，一步一个脚印地向前走，在语文学习上我们必能走出一条自己的路——自学之路。我认识不少语文学习成绩优异的中学生，他们走的正是这样一条路。他们善于把老师的指导和个人的自学结合起来，他们始终掌握着学习的主动权，他们是学习的主人。他们能够做到的，你难道会做不到？

莫把"求分"当"求知"

写这篇短文的时候，我的记忆正停留在一位年轻人的身上。

他，S君，年纪轻轻，已是沪上某高校经济研究所的副研究员，现在是某大学经济学院的教授，事业有成，前途无量。三十多年前，当他还是一名初中一年级学生的时候，我是他的语文老师。我要把他介绍给年轻的读者，因为他在中学里的一段有些曲折的学习经历，也许会引起阅读的兴趣。

当时，他刚从小学升入初中，我看了他的第一篇作文，发现他的知识面比同龄的孩子广得多，文笔也流畅可读。后来得知，他的父母都是知识分子，他从小受家庭熏陶，酷爱读课外书籍，小说、散文、科普作品、人物传记都看了不少。由于知识面广，又有良好的自学习惯，所以他在小学里各科成绩年年都稳拿第一；进入中学以后，仍然保持着领先的优势。但从初二下学期开始，我发现他猎取课外知识的劲头逐渐减弱了。找他一聊，才知道他正在为"卫冕"（保住各科总分第一名）而奋斗，而初二以后由于课程增多，难度加大，他不得不一心扑在课本上，再也无暇旁顾。但他终于接受我的建议，放弃了"卫冕"的努力，恢复了课外阅读，同时更加注意提高课内学习的效率。他有几门学科的考分开始下降，虽然仍属于优等，但已不再有夺魁的风光，有一次甚至总分跌到了十名以外。有人说他被我"教唆"坏了，然而他对自己很有信心，对别人的议论只是笑笑而已。

就这样，他读完初中，又直升本校高中，到高二下学期，他向校方提出"跳级"的申请，即跳过高三年级，提前一年参加高考。校方同意了，于是把他编入高三年级，让他参加毕业班的复习。然而他只复习了一个星期，又要求放他回家自学，因为他觉得个人的自学更便于针对自己的实际，查漏补缺，突出重点。我对他的自学能力深信不疑，于是说服教务处同意了他的请求。这年暑假他和高三学生一起参加了高考，终以优良成绩被上海财经大学录取。他在大学里的学习情况我不知道，但从他毕业后得以留校工作、30岁不到就被破格授予高级职称（副研究员）的事实，不难推知大概。

他成功的契机是什么？一言以蔽之，是强烈的求知欲战胜了"分数的诱惑"，从而取得了学习的主动权。我把他介绍给同学们的目的，就是希望大家能够从他的经历中悟出一点成功的"奥秘"。

人生来就有求知欲。小孩子爱问"这是什么？""它为什么是这样？"因为他们对周围这个陌生的世界充满了好奇。好奇心是求知欲的萌芽。随后他们进了学校，书本知识为他们展现了一个更加绚丽多彩的世界，使他们的好奇心逐渐上升为一种渴求知识的精神需要，这就是求知欲；心理学家把人们为求知而产生的内在动力，叫作"内驱力"。内驱力驱动人们主动积极地去获取知识，而获得知识以后的成就感又反过来激励人们去获取更多的知识，引发更强烈的求知欲，如此循环不已地自我激励，人们就有了永不衰竭的学习内驱力。这种内驱力对一个人成长、成才的意义是怎么强调都不会过分的。S君学业的成功就是一个有力的证据。

然而，中学生的求知欲又是不稳定的，它很容易因考试、升学等外力的压抑而减弱乃至消失。如今的学生，从小学到初中到高中，年复一年地在考试、升学的沉重压力下紧张而疲惫地学习着，老师催，父母逼，一切都是为了分、分、分！他们本来应该享有的求知的快乐被剥夺了，取而代之的是对"分数"的渴望和焦虑。不妨把这种渴望和焦虑的心理叫做"求分欲"。很多人（包括我们老师）常常混淆"求知欲"和"求分欲"的界限，误把求分当求知。因为强烈的求分欲确实也能刺激学生努力学习，它和求知欲在行为表现上有时确实很难区分。因此，老师和家长们常常用分数去刺激或逼迫学生努力学习，比如分数排名次，并以此奖励高分，惩罚低分，等等。在他们看来，管他求分还是求知，只要学生努力学习就行。这是一种极其肤浅的见识。

求分欲和求知欲，一字之差，貌似而实异，两者对人的发展的影响，可谓"差之毫厘，谬以千里"。仅有求分欲的学生，尽管可能考出高分，却往往学得很被动，为了得分，他们不得不唯书是从，为师是从，唯标准答案是从，因此学习上必然缺乏个性和创造力；由于他们学习上的一切努力，都以考试得分为目标，凡与考试得分无关的知识，他们一般都不感兴趣，不少学生甚至"两耳不闻窗外事，一心只做眼前题"，什么书都不读，什么事都不闻不问，其结果必然是孤陋寡闻，除了会"考试"外，几乎一无所能，这种状况肯定会限制他们今后乃至毕生的发展。S君在初中二年级时所面临的那次选择，就是"求分"还是"求知"的选择，他选择了后者，终于在学业上取得了成功——肯定也是毕生事业成功的基础。

　　我作为S君的语文老师，最后还想说说语文能力与一个人成长的关系：S君现在虽然并不从事语言文字方面的工作，但他在中学时一直是班级里语文学习的佼佼者。他能读善写，能读，使他能高效地获取各种新鲜的知识；善写，又使他善于把自己思考的结果用语言文字准确地表达出来。我敢说，他此后在经济理论研究上取得的成绩，跟他能够熟练地运用语文工具肯定有着直接的关系。这使我想起著名数学家苏步青教授多次谆谆告诫中学生的一句话："语文学习太重要了。"一位数学家如此强调语文学习的重要性，尤其值得我们深思。

读点唐诗宋词

当了几十年语文教师，越来越感到有必要让我们的中小学生尽可能多读点古典诗词。在现代都市生活中日益变得功利和浮躁的人们，需要中华传统文化的滋养和熏陶，而古典诗词正是中华传统文化中的精华。我国是一个诗的国度，早在世界上许多民族尚处于蒙昧时期的两千多年前，我国就已经编纂了《诗经》这样完备的诗歌总集，拥有了屈原这样伟大的诗人。两千多年来，我们积累了足可引以为豪的诗歌遗产，而唐诗宋词，尤其是那些经过千百年时间淘洗而传诵至今的名篇佳作，更是诗歌遗产中的"极品"，说它们"字字珠玑"，绝对不是夸张。作为现代人的中国青少年，如果不会欣赏唐诗宋词的美，实在是一件无法弥补的憾事。

当然，现在的青少年升学压力大，课外作业多，没有充裕的时间和悠闲的心情去阅读与考试无关的书籍。但我想，诗词篇幅短小，课余读一些，所花时间不多；再则，在紧张学习的间隙，伸一伸懒腰，曼声吟诵一两首优美的小诗，正好可以松弛一下紧绷的神经，调剂一下疲惫的身心，也是十分惬意的。我看，关键还在于培养读诗的兴趣，只要有了兴趣，时间总是挤得出来的。

要培养对诗的兴趣，首先得用心灵去接近它、解读它。那些千古传诵的诗词佳作，它们所蕴含的古代诗人的情感体验，往往具有超越时空的普遍性，纵然有时代隔阂，也不致成为我们欣赏的障碍。再说，那些真正的好诗，大多明白如话，虽然是一千多年前的语言，对今天的读者却依然充满魅力。比如下面这首大家都很熟悉的《游子吟》：

慈母手中线，游子身上衣。

临行密密缝，意恐迟迟归。

谁言寸草心，报得三春晖！

全诗没有一个冷僻的字，不用任何典故，朴素得比如今的很多新诗和流行歌曲的歌词更晓畅易懂。它真挚的感情全从肺腑中流出，即使从未有过远离亲人、他乡作客的生活经历的人，也不能不为之动情，不能不为之从内心升起对母爱的深深眷恋；更不用说过这种生活经历的人了。记得我在十五六岁的时候，离开县城到上海市区求学，虽然路不算远，但少小离家，总有一种游子思乡的心情。不幸又在初中毕业之前忽遭丧母之痛，悲痛中反复地诵读这首诗，感受到一种从未有过的心灵震撼，初学写诗的我居然也写出了"密缝针线今犹在，不忍开箱检旧衣"这样动情的诗句。半个多世纪过去了，我至今仍然能够清晰地回忆起当时这首《游子吟》给予我的巨大的心灵冲击。

诗词都是有韵律、有节奏的。在古代，诗词都能合着乐唱。当时的唱法现在虽然已经失传，但读诗词如果不懂韵律和节奏，就很难读出它特有的韵味。三味书屋里的寿老先生读书时那种摇曳悠长的声调和如痴如醉的神态，人们也许觉得有些可笑，其实读诗词需要的正是这种对诗词韵味的体验和充分的情感投入。人们把读诗叫做"吟诗"，吟，就是一种拉长了声调有节奏的唱读。现在的大多数人都不会吟，但我想，假如我们真的想把读诗变成一种高雅的精神享受，那就至少应该学会按照诗词固有的节奏，用普通话来朗诵。我听过孙道临朗诵诗词，虽然不是吟，但同样读出了诗词的韵味。学习这种诵读，除了体会诗意外，关键在于处理好诗句的节奏，具体说，就是要注意诗句中的停顿和某些字音的拖长。一般说，一句中逢双的字，如七言句的二、四、六字，五言句的二、四字，如果是平声（大致相当于普通话中的阴平声和阳平声，但古入声字除外），读的时候就要把这个字的音调拖长些，韵脚的字如果是平声，也要拖长，从而形成一种长短相间、抑扬顿挫的节律。请用这个办法试读下面这首小令：

昨夜／雨疏⋯⋯风骤，

浓睡／不消⋯⋯残酒。

试问 / 卷帘人，

却道 / 海棠------依旧。

知否？ / 知否？

应是 / 绿肥------红瘦。

句中"/"表示停顿，"------"表示拖音。第三句中的第四字"帘"是平声字，如果按"吟"的要求，也应拖长，普通话朗诵则不必拖长。[①]

读古代诗词给予人的影响，不是外显的，而是一种潜移默化。读诗词的人自己也许并不感到这种影响的存在，人们却会从他不俗的谈吐中和优雅的举止上感觉到一种特有的气质，一种超凡脱俗的"书卷气"。苏轼有诗云："粗缯大布裹生涯，腹有诗书气自华。"确实如此，一个饱读诗书、受过传统文化熏陶的人，即使身穿土布衣服，也无法掩藏其内在的气质之美。

当然，唐诗宋词的作者毕竟都是封建时代的文人，他们的作品中不可能不流露出封建时代文人常有的人生无常、及时行乐、叹老嗟卑、孤芳自赏等消极避世的思想感情。这也没有什么可怕，相反，正好可以借此锻炼我们的分析、辨别能力。

[①] 因为"吟"讲究声调的和谐，而普通话朗诵则不能因追求声调和谐而把完整的词拆开，这种要求不一致的情形多发生在五言句的第四字和七言句的第六字上。如"海内存知己"，吟的时候"知"字要拖长，朗诵时则不能把"知己"拆开。

多读散文

每遇中学生要我推荐课外读物，我常用一句话回答：多读点散文吧。

我说的散文，不仅指以叙述、抒情为主的纯文学散文（有人叫它"美文"），还包括以议论为主而又具有文学意味的杂文，其范围比同学们通常理解的散文的范围稍稍宽泛些。

我认为，把散文作为课外读物，有着其他作品（例如小说）所不能代替的作用，这是由散文的特点决定的。

散文的一个重要特点，是"真"。行文多用第一人称，文中的"我"就是作者自己，这跟小说完全不同。"我"既是叙述的主体，也是生活的直接参与者。散文所叙述之事，必着"我"之色彩。古今中外，凡真正优秀的散文，都是作家内心世界的真诚袒露，几无例外。散文最忌作"假"，无论是怎么样的"锦绣文章"，一犯"假"字，便落下乘。为什么今天的读者都不太喜欢杨朔的散文？主要的原因，恐怕就在于其失"真"。他太想迎合当时的主流思潮，以至丧失了"自我"，加以模式化的写作套路和对技巧的刻意追求，使他的"诗意散文"露出了"为文造情"的人工痕迹。而许多传诵不衰的名篇，如韩愈的《祭十二郎文》、朱自清的《背影》，全都不假藻饰，但读者从字里行间感受到的，是一片发自肺腑的真情！古人说"修辞立其诚"，"诚"者，真也。它不但是作文的准则，也是做人的根本。因此，多读些好散文既可为作文之助，同时也可以使我们在"真"和"美"的熏陶中净化心灵，提升人格。这在学生作文已经造"假"成风的今天，尤其显得必要。

散文的另一重要特点，是选材多从小处、实处着手，贵乎因小见大，虚实相生。所谓"一粒沙中见世界，半瓣花上说人情"（郁达夫语），最是散文的当行本色。"一粒沙"、"半瓣花"，具体之至，却又微乎其微，常为一般人所忽视，散文家却偏爱从一般人忽略处着眼，看似漫不经心地信手拈来，随意点染，便成佳构。历来那些最感人的散文，写的大都是身边琐事，如《陈情表》《项脊轩志》《祭妹文》以及上面提到的《祭十二郎文》《背影》等；再如同学们在语文课内读过的郑振铎的《猫》、老舍的《小麻雀》、孙犁的《黄鹂》、李乐薇的《我的空中楼阁》等，也都不是什么"重大题材"；即使作为时代"感应的神经"的杂文，也必得从具体事实生发议论，切戒言之无物，泛泛而论。总之，越是寻常的生活，越是身边琐事，一到散文家的笔下，往往越能闪射出异样的光彩。歌德说："不要说现实生活没有诗意。诗人的本领，正在于他有足够的智慧，能从惯见的平凡事物中看出引人入胜的一面。"如果说散文家正是有着"足够的智慧"的诗人的话，那么对我们来说，读散文不就是一种智慧的启蒙吗？

以上只从两个方面谈为什么要多读点散文。这两点在散文的诸多特征中也许不是最本质的，但从同学们语文学习的现状看，我以为指出这两点可能更有针对性。比如，不少同学总爱在作文中无中生有地编造一些"催人泪下的故事"（如"父母双亡"之类），他们以为文章只有这样写才会动人；再说，他们也确实缺乏从惯见的平凡事物中发现诗意和美的"眼力"。上面所说的两点，正好是一帖对症的良药。

培养一点读文言文的兴趣

我一直认为中学生要提高语文素养，加深自己的文化底蕴，必须在课外适量多读些文言文（包括古代诗词），但决不能用目前语文课上学的那种以应试为目的的读法。

语文老师指导学生读文言文，有个"八字真言"，叫做"字字落实，句句清楚"。读一篇文言文，要求做到这八个字，本意也许不坏，但问题是：1. 每篇文言文都是一个有生命的整体，阅读时一字一句地死"抠"，势必把文章肢解得支离破碎，不利于整体感知；2. 读书本是一种身心愉悦的智力活动，如今变成了冰冷、乏味、繁琐的"尸体解剖"，结果是败坏了同学们学习文言文的口味；3. 这样读文章，速度慢，效率低，不可能多读，而读得太少正是同学们阅读文言文的能力提高不快的症结所在。

可见，本意并不坏的"八字真言"，对学生阅读文言文的兴趣恰恰起了一种扼杀的作用。要学好文言文，首先就要走出"八字真言"的误区，从提高阅读的兴趣入手。

现在我们能够读到的文言文，都是经过千百年岁月的淘洗而传诵至今的散文精品，它们大多语言精练，章法严谨，富于文采，读这样的文章，就如欣赏王羲之的书法，本身就是最好的精神享受。记得少年时读《滕王阁序》，虽然很多句子似懂非懂，但也不能不被它华丽的辞藻所深深吸引，居然借助简要的注解一知半解地读得津津有味，当读到"落霞与孤鹜齐飞，秋水共长天一色"这样的名句，一样也懂得击节叹赏。我想，如果我当时也非得"字字落实，句句清楚"，肯定一打开文章就被文字的"拦路虎"吓退了，何谈欣赏？兴趣自然也无从谈起了。

陶渊明在他写的那篇"夫子自道"的《五柳先生传》里，说自己读书的旨趣是"好读书，不求甚解，每有会意，便欣然忘食"，我想自己当时读文言文采取的大概也是这个态度。唯其"不求甚解"（不死抠字眼），故多能从大处着眼去欣赏文章；当然，关键还在于"好读书"，因为"好"读，自然读得身心投入，终于有所领悟，乃至豁然贯通，最后达到了"欣然忘食"的境界。三味书屋里的寿老先生一读古文就如醉如痴，忘乎所以，似乎有些可笑，但在真正爱读书的人看来，这是最自然不过的事。当然，我们今天不必再像这位老夫子那样摇头晃脑地读古文，但"知之者不如好之者，好之者不如乐之者"，爱读、乐读、多读，永远是学好文言文的前提和关键。

当然，要提高阅读文言文的能力，也是要讲究一些方法的。根据我的经验，最基本的方法不外乎这样两条：一条是多积累。要结合文章的阅读和背诵，努力扩大识字量、扩大词汇和句子的积累。二是要多进行古今汉语的比较，从比较中逐步掌握古汉语的规律，等等。但中学生读文言文毕竟不同于大学中文系学生修习古代汉语课程。中学生读文言文，重点在"读"，读的对象是"文"，而不是"语言的碎片"；既然是"读文"，就得遵从读文的规律，保持阅读感受的整体性、生动性。其实，果真把"文"读好了，读出了语感，古汉语的学习自然也在其中了。从学习、掌握语言的角度看，语感的培养比记住几条语法规则重要得多。著名学者吴晗教人学古文，就反复强调一定要精读、熟读和背诵。他建议："有一定文化水平的人，只要能坚持一个星期背一篇古文，十二个月背完五十篇，一年就可以过关。"他认为肚子里有了五十篇古文打底，就有了进一步提高的扎实基础。这些意见虽然不是针对中学生学习文言文说的，但道理是相通的。

让我们用"爱读、乐读、多读"这"六字要诀"，代替那个扼杀读书兴趣的"八字真言"吧。

后记　传奇尚未落幕

编完了这本小书的最后一篇文稿，我的传奇似乎应该落幕了。想想也是，从我 1949 年跨进教育"门槛"，迄今已半个世纪又十五年，确实到"先生可以休矣"的时候了。

忽然想起三十多年前填的一阕《蝶恋花》：

> 记得那年秋水阻，
> 密意柔情、脉脉凭谁诉？
> 若许人生携手去，
> 相期踏遍天涯路。
>
> 蓦地红英辞碧树，
> 树又飘零、总被秋风误。
> 镜里朱颜无计驻，
> 为伊心上留春住！

岁月淹忽，一晃三十多年过去了。记得当年写这首词，正是我刚经历了十年"文革"炼狱，被允许重上讲台的时候。那时的我，年近半百，镜子里的形象已是"尘满面，鬓如霜"，皱纹也爬满了额头；何况头上还戴着一顶"不是帽子的帽子"，名列"另册"。尽管如此，但内心却总有一股莫名的冲动，觉得还可以为自己所钟爱的语文教学做些什么。这种冲动，无以名之，姑名之曰"语文教学情结"，这种情结，是现今许多年轻的同行无法理解的。这首《蝶恋花》就是在这样的心情下写成的。构思之时，感情很复杂，这首词可以说是两种"恋情"交织的产物：一是青年时期曾经有过的一段有始无终的感情经历，使中年以后的我仍然难以释怀；另一份恋情是，我所钟爱的语文教学，一度被强制剥夺后终于又回到了我的身边，犹如与心爱者久别以后重新牵手。"镜里朱颜无计驻，为伊心上留春住！"表达的不仅是一个誓愿，更是一片痴情、一份执著！

正是这一片痴情、一份执著，使我的人生和教学都带上了些许传奇色彩。

如今垂垂老矣，昔日的"镜里朱颜"早已惨不忍睹，但这份痴情和执著却不但没有消减，反倒"老而弥笃"了。虽然早已告别讲台，我却仍然时刻关注着语文教学的动向，关注着一切与语文教学有关的新思潮、新理念，其间有欣喜，有快乐，也有忧虑和困惑。有时忍不住，会把这些欣喜、快乐、忧虑、困惑化为文字，于是就陆陆续续积存了些"卑之无甚高论"的文章。前些日子华东师大出版社李永梅女士督促我把近年文稿编纂成集，并允诺给我一个出版的机会。想想自己写的这些东西，虽然未必有多少出版的价值，却都是我自己读书、教书的真切体会，它来自我的实践，发自我的内心，它使我从一名不合格教师成长为一名还算合格中学语文教师，成长过程中有一些必然性的东西，至少可以为目前在职的语文老师提供一点思考、借鉴的资料。现在呈现在读者面前的这本小册子，就是在李永梅女士的督促和鼓励下编纂起来的。

书是编好了，也可以舒一口气了，但我知道，一辈子对语文教学痴情不改的我，积习已深，只要活着，就不会停止对语文教学的思考。

看来，我的传奇暂时还不会落幕。

钱梦龙

2014 年 10 月 1 日

图书在版编目（CIP）数据

教师的价值／钱梦龙著 . —上海：华东师范大学出版社，2014.11
ISBN 978-7-5675-2787-4

Ⅰ.①教 ... Ⅱ.①钱 ... Ⅲ.①语文课—教学研究—中小学—文集
Ⅳ.① G633.302-53

中国版本图书馆 CIP 数据核字（2014）第 277935 号

大夏书系·钱梦龙文丛

教师的价值

著　　者	钱梦龙
策划编辑	李永梅
审读编辑	齐凤楠　卢凤保
封面设计	奇文云海·设计顾问
责任印制	殷艳红

出版发行	华东师范大学出版社
社　　址	上海市中山北路 3663 号　邮编　200062
网　　址	www.ecnupress.com.cn
电　　话	021 — 60821666　行政传真　021 — 62572105
客服电话	021 — 62865537
邮购电话	021 — 62869887　地址　上海市中山北路 3663 号华东师范大学校内先锋路口
网　　店	http：//hdsdcbs.tmall.com

印　刷　者	北京季蜂印刷有限公司
开　　本	640 × 960　16 开
插　　页	2
印　　张	16
字　　数	220 千字
版　　次	2015 年 1 月第一版
印　　次	2024 年 6 月第十二次
印　　数	37311 – 38310
书　　号	ISBN 978-7-5675-2787-4 /G · 7747
定　　价	49.80 元

出 版 人	王　焰

（如发现本版图书有印订质量问题，请寄回本社市场部调换或电话 021—62865537 联系）